ちくま新書

日本文法体系

藤井貞和
Fujii Sadakazu

JN178584

1221

日本文法体系【目次】

第三章 伝聞、形容、様態、願望、否定 101

第七章　品詞と構文　231

はじめに

文法は網羅的であるのがよい。体系的であることが分かるような順序の叙述にしたい。日本語文法を成り立ちから考え直す。古文の読みが愉しくなるのではないかという工夫を、そここに鏤《ちりば》めてある。

学校文法からすこし離れる内容のように見えても、だれもが困っている文法事項には（私じしんがいちばん困ってきたことだから）、懇切に解説をほどこしたい。

手元にある高校生向けの教科書『古典文法』のはしがきに、〈ところで、現行の学校文法は数十年の間、足踏み状態にあ〉る、と書かれている。足踏み状態から一歩を踏み出すために本書は書かれる。

本書の特色を簡潔に言うと、自立語、つまり名詞や動詞その他が展開する、彩り豊かで多様な意味世界と、意味世界の論理を下支えする自立しない語たち（非自立語、助動辞《じょどうじ》と助辞《じょじ》）の機能的表現とを、分けようとするところにある。

助動辞（助動詞のこと）や助辞（おなじく助詞）の一つ一つに、テクスト上で出会うたびに、その機能語としての役割を問いかけながら、私はいまに至る。『文法的詩学』（笠間書院、二〇一二）、『文法的詩学その動態』（同、二〇一五）で記述した内容を新たに考察し直して、コンパクトに纏《まと》めることにした。

『古文の読みかた』（岩波ジュニア新書、一九八四）で学んでくれた中学生、高校生たちはいま、壮年にあり、中年期にさしかかる。気分を新たに学び直したいというかれらの希望を聞くと、本書に取り組む勇気が湧いてくる。

助動辞たちは、「き」も「り」も「む」も、それに「けり」にせよ、「ぬ」にしろ、「つ」にしろ、史前史的な変遷史を越えていまにやってきたろう。文献時代にはいってからも変様を見せたり、新たに誕生したりする助動辞はまた多種あり、助辞の類に至ってならば、さらに遠くからやってきた。

八品詞および助動辞／助辞は、数千年にわたる言語史的な動態のさなかから〝決定〟され、われわれの眼前に〝浮上〟したのであって、〝八品詞〟ならびに〝助動辞／助辞〟、およびそれらの繫がり方の考察が、たぶん最も有効な体系を提供することだろう。なんだ、伝統文法へ帰れという勧めではないか。たぶん、伝統文法には貴重な知見が詰まっている。

古文のテクストは、私の場合、物語や詩歌を相手にすることが多いので、おのずから物語の文法体系および詩歌のそれが中心となる。日常世界では物語の文法や詩歌のそれで話したり語ったりすることがあるから、談話の文法体系も視野から逸らしていない。物語じたいが会話文や詩歌の集積だから、言語の日常的な在り方を追跡する作業にもなった。

序章を導入部とし、第一〜六章を〝助動辞／助辞〟論とし、第七〜八章において自立語群の文法的性格を見渡し、終章で詩歌をめぐり、文法の真相（—深層）に至る。「おわりに」で正書法にふれよう。

凡例

一 『万葉集』『源氏物語』など、古典は信頼できる本文を利用して例文を構成する。『源氏物語』については仮に新日本古典文学大系（新大系、岩波書店）の冊数、ページ数を参考のために書きいれ、『万葉集』についてでは通行の歌番号を書き添える。古代歌謡もまたおなじ。

一 上代文学についてでは原表記を生かしつつテクスト化する。万葉がなや助字をひらき、送りがな以外の読み添えは（ ）をほどこす。万葉がなの上代音の甲類をひらがなでひらき、乙類はカタカナでひらく。『万葉集』のころ、「き」なら「き」に二種の韻（甲類と乙類と）があり、上代音と名づける。つまり、〈きひみけへめこそとのもよろ〉およびそれらの濁音には、別に乙類〈キヒミケヘメコソトノモヨロ〉およびギビゲベゴゾドがあった。だいじな区別で、『万葉集』や『古事記』を読む上での基礎となる。異論もある。

一 上代音を音韻で区別したいときには「き」ki「キ」kïを書き分ける。統一させてよいときには「き」とする。

一 アリ、アムなど、助動辞を成立させる要素はカタカナで、ときにローマ字を併記し、「あり」「き」など、語としてテクスト上に見いだされる場合と区別する。

一 和歌の類に付してある句読点は「。」（句点）「、」（読点）のほかに「―」（棒線）を加える。「―」は係助辞や比喩的表現の周辺で適宜、ほどこしてある。

一 付してある現代語訳は本書の性格上、正確さや内容把握を優先するので、ぎこちなくなるときがある。

（例）おぼし疑へ〈り〉。　↓お疑いある。

なり給へ〈れ〉ば、　↓おなりあるから、

一 詩歌に付した現代語訳には膨らみや舞《ぶ》文《ぶん》や改行がある。

一 引用文は一文の途中から始まり、途中で切るなど、便宜に拠っている。

一 国語学者、時枝誠記《ときえだもとき》（『国語学原論』、岩波書店、一九四一）が「詞」（名詞、動詞など）に対して、助動詞、助詞を「辞」（主体的表現）に位置づけたのを受けて、助動詞を本書では〝助動辞〟とし、助詞を〝助辞〟とする。

序章　krsm-四辺形とkrsm-立体

†「き」「り」「し」「む」を結ぶ

さきにｋｒｓｍ-四辺形を図示しよう（図1）。

図1

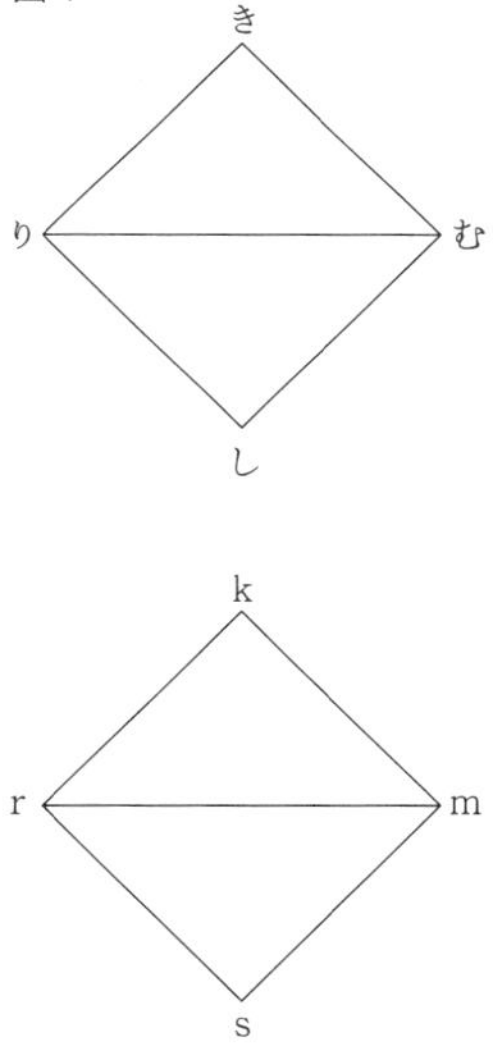

ｋｒｓｍとは何か。

ｋ＝「き」　ｒ＝「り」　ｓ＝「し」　ｍ＝「む」

「き／り／し／む」四辺形と言ってもよい。これらのうち、「き」と「り」と「む」とは、高校時代の〝古文〟の授業で習った馴染みの助動辞（＝助動詞）だ。

「し」は何か。形容詞の語尾（形容辞）として出てくる、「うつく（＝美）し」「かろ（＝軽）し」などと言うときの「し」をさす。これらの「し」をここでは、形容詞の語尾であるとともに、助動辞の一種としても認定できる、とする。だから活用する。

おおまかには、

「き」＝過去をあらわす　「り」＝現存をあらわす（教科書によっては〝完了〟〝存続〟と教わる）
「し」＝形容詞の語尾　「む」＝推量をあらわす

というような説明になる。学校教育の〝古文〟は「き」なら「き」を過去だと、「り」なら「り」を完了（存続）などと、ばらばらにおぼえる。暗記科目になって苦しむこともある。そのような〝ばらばら〟をやめよう、という提案でもある。

「き」と「り」と「し」と「む」とをばらばらと見ず、ライン（＝線）で繫《つな》がれてあると見る。「き」と「り」と「し」と「む」とはたがいに結ばれており、孤立していない。文字通りこのラインがたいせつで、仲間をつぎつぎに作ってゆく。

「き」なら「き」は過去でよい。「り」はアリだから、けっして完了ではない。本書では「り」を〝現存〟と見よう。そういう提案にも本書では随所で踏み込む。

†「き」「り」「し」「む」を立体にする

四辺形は立体をぺちゃんこにして書いてみせた図形だから、ｋｒｓｍ‐立体（「き／り／し／む」立体）に描き換えることにする。と言っても、立体としてほんとうに紙の上にあらわすことはできないので、ｋｒｓｍ‐立体をわれわれの頭脳のなかに想像で立ち上げる。われわれの頭のなかではＣＧ《コンピュータ・グラフィック》のように左上辺が伸びたり、右端が出っぱったりと、しきりにうごめくのを、いわば静止画像としてとらえたと見てほしい（図2）。

図2

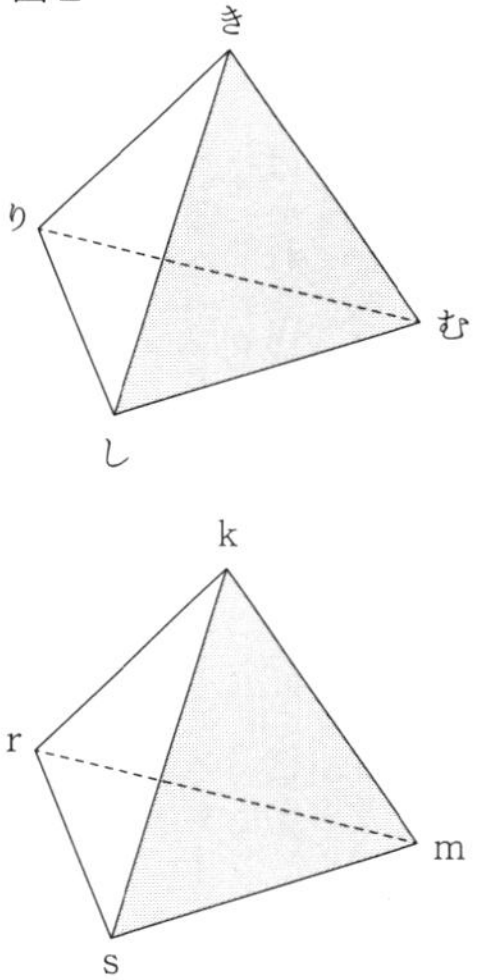

ｋｒｓｍ‐四辺形はこのようにｋｒｓｍ‐立体でもある。

上端に「き」（〜た、過去）が書かれ、左端には「り」が書かれる。この「り」はもともと何であり、何から生まれたのだろうか。

†アリ ari から「り」へ

以下、必要なので音韻をところどころローマ字であらわす。「り」（〜る、現存）が助動辞で、アリ ari はそれを成り立たせる〝語の成分〟だから、〈アリ〉とカタカナで書いて、必要なときに ari を前か後ろかに書き込む。そのような要素を造語成分とも言う。ari アリからア a が落ちて、ri（り）だけになって生まれた。

アリ ari →（ア）リ (a) ri →「り」ri

そのアリは、そのまま動詞の「あり」（ある、存在する）になるし、いろんな〝語の成分〟と結びついて新たな助動辞にもなる。このアリを助動辞の一種と見ることができる。前-助動辞という言い方がよいかもしれない。

アリ ari →「あり」（動詞）
アリ ari →「り」（助動詞）

アリ ari がたくさんの助動辞を作り出すさまについては第一章に〈たこ足〉図を掲げたいと思う（三六ページ、図7）。

†過去から現在へ〔線上の「けり」〕

「き」と「り」とが、図1あるいは図2に見たようにラインで結ばれている。「き」も「り」も時間の状態をあらわす。そして、古文を理解する上での、とてもだいじな助動辞がライン上に浮上する。

　「き」―「けり」―アリ ari

と、「き」―アリ ari のラインに「けり」が置かれる。どのように結びつくかと言うと、

　ki（き）プラス ari アリ →ki-ari →keri「けり」

というように結びつく。〈i プラス a →e〉という音韻法則――融合――がここにはあって、ki-ari が keri「けり」となる。繰り返すと、「き」と ari アリとが合わさって、

　けり（過去から現在への時間の流れ、～来《き》ある、～たことだ）

が出てくる。

四辺形の上はんぶんに注目して図示しよう（図3）。上端が ki（き）で、左端に ari アリを置く。「けり」が左上辺にあらわれる。すぐあとに「けむ」を見るので、右端の amu アムおよび「けむ」をも書きいれる。

図3

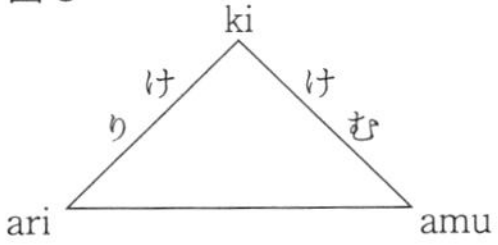

音韻は音《おん》=子音《しいん》、韻=母音《ぼいん》というように分ける。ki（き）はk（子音）i（母音）から成る。このように日本語の音韻をローマ字で書いて、ラインの上端の「き」はkiと書き、左端の「り」はアリ（助動辞）なので、ariと書くとすると、重要な助動辞「けり」keriが左上の斜辺（=左上辺）に姿をあらわす、という次第だ。

こうして「けり」はライン上にあり、「き」と相互に規定しあい、「り」（あるいはアリ）にも相互規定されて、たがいの関係においてのみ存在できる。

†過去を推量する「けむ」

〈i プラス a →e〉という音韻の融合を踏まえると、

けむ（〜たろう、過去推量）の成立もまた視野にはいってくる。上端の「き」（〜た）から右がわの斜線を下りてくると、「む」（〜う、推量）とのあいだ（＝右上辺）に「けむ」が見えてくる。つまり、

ki（き）プラス amu アム →ki-amu

〈i プラス a →e〉により、→kemu「けむ」

となる。

アム amu という語の成分がこのなかにはいっている。「む」はその amu アムが正体だ。語の成分であり、前-助動辞でもあるアム amu の、ア a が落ちると mu（む）になる。いわゆる推量の助動辞「む」が「けむ」のなかにはいっている。

過去推量とは、過去じたいをあったかなかったかと疑うのでなく、あったことは間違いない事実なので、それがどんな様相の事件だったかについて推量する。なかったかもしれないというような、疑念をまじえた推量ではない。

†時間・推量・形容の広がり（「らむ」「らし」「べし」）

下はんぶんの三角形へ移ろう。「き」「けり」「けむ」も含めて書いてみる（図4）。

図4

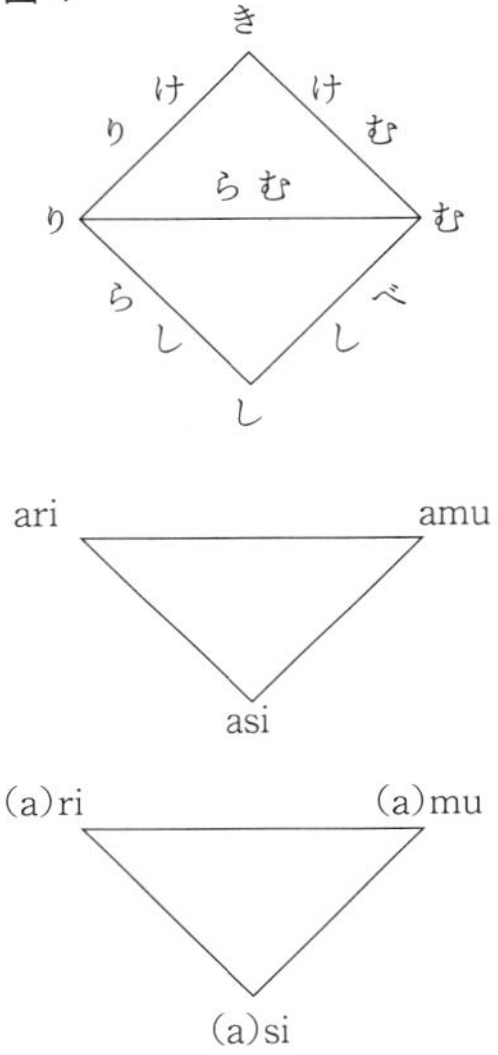

・「らむ」

左端のアリ ari と右端のアム amu とがかさなると、ライン上に「らむ」（いまごろは〜ているだろう、現在推量）があらわれる。母音どうしの結びつきで前の母音が落ちる場合で、

アリ ari プラス amu アム →ari-amu →ar (i) -amu →aramu（あらむ）

「らむ」ramu はこの aramu からできてきたのではないかと思う。

aramu（あらむ）→(a) ramu →ramu（らむ）

できあがってしまうと、「らむ」は独立して動詞などの活用語の終止形に下接するようになる。独立すると終止形にくっつく助動辞はほかにもいくつかある。そのように下接が可能な活用形なので、終止形のことを現前形と言い換えてもよい。

・「らし」

左下辺の「らし」rasi（いかにも〜らしい）は同様にして生まれた。

アリ ari プラス asi アシ →ar (i) -asi

→ (a) rasi（(ぁ) らし）→rasi「らし」

もとは「あらし」arasi だったとして、独立して「らし」になると、活用語（動詞など）の終止形（現前形）に下接する。

図の下端の「し」（形容をあらわす）はこのように asi アシ（語の成分）が正体で、ア a がとれて si（し）になったと推定する。古文にアシという助動辞が見つかるわけではないから、前-助動辞と言ってみたい。

・「べし」

「べし」besi（〜に違いない）は右下辺で、アム amu とアシ asi とを結ぶライン上に位置する。「む」の変型（已然形になる）の më（メ）と asi アシとの結合ではないかと思う。m と b とは容易に交替するから、上代音で書くならば、

më（メ）プラス asi アシ →më-asi →bësi（べし）→besi（べし）

となる。上代音に me（め）と më（メ）との区別があった（凡例参照）。ここはあとの母音 a が落ちる。「べし」は独立して活用語の終止形（現前形）へ下接する。

この三角形は時間域、形容域、推量域にわたる大きなエリアに広がる。

ｋｒｓｍ-立体に助動辞を書きいれて図示してみる（図5）。

図5

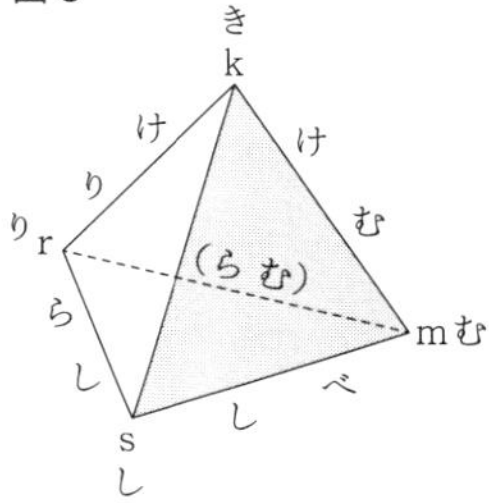

アリ ari アム amu アシ asi から成る、三角形のライン上にあらわれる「らむ」「らし」「べし」が、いずれも活用語の終止形（現前形）に下接するとはおもしろいことだ。一旦、できあがり、独立すると、終止形の下におさまる、という原則。おさまりがわるく、ぶれるときもあって、動詞ラ行変格活用への下接は連体形に付くというようなこともある。ほかに「伝聞なり」「めり」「まじ」のような終止形下接の助動辞がある。

†語を成り立たせる要素〔前-助動辞〕

アリ ari　アム amu　アシ asi とは何だろうか。アリ、アム、アシ、それにアニ ani も並べることにする。アフ aphu（あるいはアプ apu）も視野にはいる。動詞などの活用語尾と前-助動辞とがもともとは分け切れない同質のものだったとすると、アス asu　アツ atu（tu はトゥというような音《おん》）、アク aku なども考えられるかもしれない。ク語法を成立させると言われるアク aku はそれにかかわりがあろう。語を成立させる要素たちだ。図を与えることができるかもしれない。ぐるりと、こんな感じの前-助動辞図を作ってみる（図6）。

図6

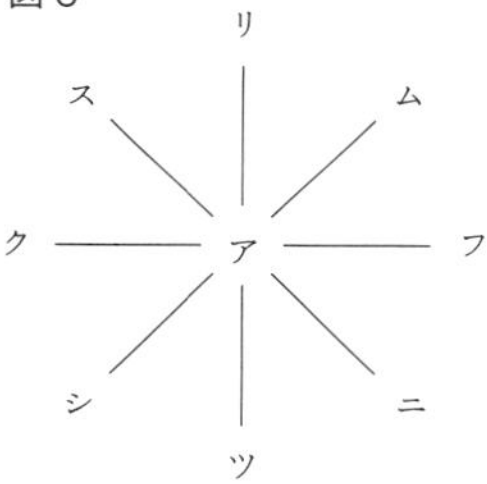

ほかにii（=y）とアaとの組み合わせもかぞえられるかもしれない。

古日本語の非常に古い段階で、アaを頭部に持つ語が助動辞などの成立に深く関与していたのではないか、とする推定がここにある。その推定によって多くのことが説明できる。アリari　アムamu　アシasi　アニani……のような、助動辞以前にある一群を〝前-助動辞〟と称しておこう（小接辞と称してもよい）。

・アリ（～ある）

アリariはまず動詞「あり」（～がある）となって自立し、大活躍する。「をり」（居る）、「はべり」（=「侍り」、ござる、でございます）、「いますがり」（おいであそばす）、「いまそがり」（同）とともに、終止形がイ段となる動詞で、ラ行変格活用（ラ変）と言われる。

アリariはこの動詞「あり」を成立させるとともに、多くの助動辞のなかにもぐり込み、またアaが切れたかたちで「り」という助動辞を成立させる。助動辞は自立できず、自立語に下接してのみ生き始める。

・アム（～う、～のようだ）

アムamuはそれだけで独立せず、アaが切れて「む」（推量）という助動辞を成立させる。また、他の推量の助動辞にもぐり込む（「けむ」「らむ」）。さらに、仮定の言い方を見ると、活用語の未然形のあとに「ば」を従えている。それはおそらく、

親王《みこ》となりたまひな〈ば〉、〔親王となっておしまいならば、〕（「桐壺」巻、一―二一）
にくからずかすめなさ〈ば〉、〔感じよい態度で遠回しに表現するならば、〕（「帚木」巻、一―四三）

の場合のように、

なりたまひ〈なむは〉n-amu-pha →nampha →naba「なば」
かすめ〈なさむは〉nas-amu-pha →nasampha →nasaba「なさば」

という経過を辿って、未然形プラス「ば」が成立したので、amuを内蔵している。仮定表現が推量を含むことは分かりやすい。

・アシ（～い、～しい）

形容詞を成り立たせる「し」（形容辞）の原型はアシasiだったろう。

ゆくyuku　語幹yuk-　→ゆかしyuk-asi
うとむutomu　語幹utom-　→うとましutom-asi

のような形容詞のできかたにはアシasiが内在すると考えられる。「にほはし」（←にほふ）、「よろこばし」（←よろこぶ）、「をかし」（←をく〈招く〉）、「うたがはし」（←うたがふ）など、類例は多い。この「し」が種々の助動辞を作り出す。

・アニ（～ない）

否定語アニaniは古く活用語だったろう。万葉語に否定語の「に」（連用形）が見える。

さよふケて、ゆくへを〈しらに〉
　夜が深まって、行く先が知れないので
（『万葉集』十五、三六二七歌）

の「しらに」（知らに）は、
　しらアニ sira-ani →sirani「しらに」
というように、「に」だけになって否定をあらわす。
アニは朝鮮語にも見いだされる。漢文訓読語の「豈《あ》に」（どうして、けっして）はアニが独立した副詞かもしれない。

・アフ（〜つづける、相互に〜する）

万葉時代に継続の助動辞「ふ」があった。固溶（という語であらわしたい）化して、「かたらふ（語らふ）」「なびかふ（靡かふ）」「たらふ（足らふ）」「ながらふ（長らふ）」というような動詞を作る。アフ aphu（さらに古くはアプ apu）を内在し、継続、反復、あるいは複数をあらわすと言われる。

　かたりアフ katari-aphu →katar（i）aphu →kataraphu「かたらふ」
　ながれアフ nagare-aphu →nagar（e）aphu →nagaraphu「ながらふ」

アフ aphu は〈相ふ、合ふ、逢ふ……〉（動詞）になり、接頭語「あひ（相）」のもととなる語だったろう。前-助動辞と見なしてかまわない。

・アク

ク語法は活用語の未然形に「く」が下接する用法をさし、その活用語を名詞化すると言われる。その本性はアクakuで、活用しない（「〜こと」と名詞化する）にしても、もとは前-助動辞だったろう。

難波方《なにはがた》、塩干《しほひ》勿《な》有りソね。沈《しづ》み（に）し妹《いも》が光儀《すがた》を見〈まく〉くるしも（同、二、二二九歌）

難波潟よ、潮の干るということがあってくれるな。（波の底に）沈んでしまいし彼女の姿を見ようことは狂いそうになるよ

の「見まく」（見ようこと）は、

mi-mu（見む）プラスaku アク →mimu-aku →mim（u-）aku →mimaku

という展開をへて成立する。akuのaが落ちてkuとなる場合があるとしても（過去の助動辞「き」のク語法は「しく」など）、ク語法を認めるならば応用範囲は広い。

†膠着語《こうちやくご》的性格

助動辞や助辞は自立しえなくて、付属語としてのみ存在できる。つまり、意味を持つ自立語に付加されることで生きるので、付属語は意味を持たず機能としてのみ生きる。不要の際には姿をあらわさなくてよい。

自立語に付属語を下接させる――膠着語的性格

自立語じたいを活用させる――屈折語的性格

自立語は意味を持ち、意味語と称する。付属語は機能語と称する。

英語のように動詞それじたいを活用させて過去という時制をあらわすような性格の諸言語は屈折語と言われる。日本語のような、動詞が活用しても、その活用形じたいで過去をあらわすのでなく、「き」を下接させて過去を示す諸言語を膠着語という。

必要な際に付加されて姿をあらわすとは、その付属語（助動辞や助辞）の機能を〝積極的に〟主張する。

君が行き、ケ長く成りぬ。山たづね、迎へか―行かむ。待ちにか―待たむ

（同、二、八五歌）

あなたのお出かけは、日数が長くなってしまう。山をたづね、迎えに行こうかしら。待ちに待ちましょうか

「君が」「成りぬ」「迎へか」「行かむ」「待ちにか」「待たむ」といったところに、〈自立語プラス付属語〉の組み合わせが見られる。

「君」（名詞〈自立語〉）プラス「が」（助辞〈付属語〉）

「成り」（動詞〈自立語〉）プラス「ぬ」（助動辞〈付属語〉）

などというように。

名詞類に活用は原則として〝ない〟。ただし、よく知られるように、酒を「さか―さケ」、天・雨を「あま―あメ」、形容詞の語幹である「たか」(=高)は「たケ」(岳)など、日本語のある部位に〝活用〟を見せることがある。かつて古日本語の成立期に屈折語とかかわっていた時代があったのかもしれない。

†配列の順序〔承接《しょうせつ》関係〕

承接順序と言って、助動辞に配列の順序が決まってくる。膠着語の大きな特徴で、助動辞の「使役―時間」とか、「完了―推量」とか、助辞にしても格助辞―副助辞―係助辞―間投助辞など並ぶ。六語連結というのもあって、

かうよろづのつゝましさを忘れ〈ぬべかめるをしも〉、〔かようにさまざまの遠慮を忘れてしまいそうであるようなのをそれこそ、〕 (「東屋」巻、五―一二八)

は、母、中将君《ちゅうじょうのきみ》が連れ子の浮舟の縁談に心を砕くというところ。相手の男、左近少将は果たして直後、心変わりを見せる。〈ぬ―べか―める―を―し―も〉は、〈ぬ(完了)べか(推量)める(〜みたい)を(格助辞)し(副助辞)も(係助辞)〉の順序を見せる。

†機能に名を与える

序章を〝機能〟という語で纏《まと》めておこう。

「き」があるから「り」は成り立つ。「り」があるから「き」は生きられる。そういう隣接関係をすこしむずかしい言い回しで機能と言う。「き」も「り」も「む」も機能語としてある。「し」(形容辞)に内在するアシ asi も機能語。

「き」が過去だとか、「り」が現存(完了あるいは存続)とか、「し」が形容とか、「む」が推量だとか言うのは、ただ隣りあう同士、ライン上で機能を果たしているに過ぎない。過去とか、現存とか、形容とか、推量というのは、その機能に対して名を与えている〝名づけ〟にほかならない。

機能は対比的にのみ存在する。壁のスイッチを思い浮かべるとよい。点灯と消灯という二つのボタンがあるとすると、点灯と消灯とは、点灯があるから消灯があり、消灯があるから点灯があるので、隣りあってたがいに規定する〝機能〟だけがある。

一つのスイッチで兼用してもよい。

一度押す　パチン　→点灯

(点いているときに)押す　パチン　→消灯

これは〝機能〟の行使であって、そこに〝意味〟はない。キーボードにファンクション・キーがあるとすると、そのファンクションが機能となる。英語の辞書を引くとわかるように、functionは「働き、作用」。数学で言う函数（関数）もファンクション。つまり、言ってみれば記号であって、意味はそこにない。

過去や現存や存続や完了や形容はそれぞれ〝意味〟でなく、過去という〝機能〟を、現存という〝機能〟を、存続あるいは完了という〝機能〟を、そして形容という〝機能〟を持つ。過去、現存、存続、完了、形容はそれぞれ、〈名づけ〉だ。

名づけだから、ぴったり言い当てているとは限らない。「き」なら「き」に沿って、どんな過去かをよく調べる必要がある。「り」を現存と言っても、「たり」（存続）とどう違うのかを言い当てるのでなければ。

名づけが意味を持ち始めることはある（意味作用）。〈はな子〉は記号だが、名づけられるとあの巨体の象のはな子さんを〝意味する〟ことができる。意味と機能との混乱が始まるという次第だが、文法論の基礎としては意味と機能とをきっぱり分ける。

「む」が推量だといっても、推量をあらわすとされる助動辞は、ほかにたとえば「らむ」がある。「べし」もある。「む」と「らむ」とは、「む」と「べし」とはどう異なるのかを、テクストの上に読んで初めてそれらの〝機能〟差が分かってくる。

第一章 アリの助動辞-圏

1 「り」の原型はアリari

†「り」（〜る、〜ある）の成立

アリariをまん中に置いて〈たこ足〉状の展開図を描いてみる（図7）。きれいな八本足で、助動辞どうしがけっして孤立していないことをこの図から受け取ってほしいように思う。実際には活用形なども書きいれなくてはならないはずで、世界の諸言語に応用がきくことかどうか、日本語から立ち上げる試み（というより遊び）としてある。

中心となるアリは、そのまま動詞の「あり」（〜がある）になるとともに、「なり」（二種）「たり」（二種）「ざり」「かり」「けり」「めり」を生産する。「べかり」や「べらなり」にもアリはもぐり込む。

「り」はアリが古文のなかで実際に使われる際の具体的な在り方にほかならない。

図7

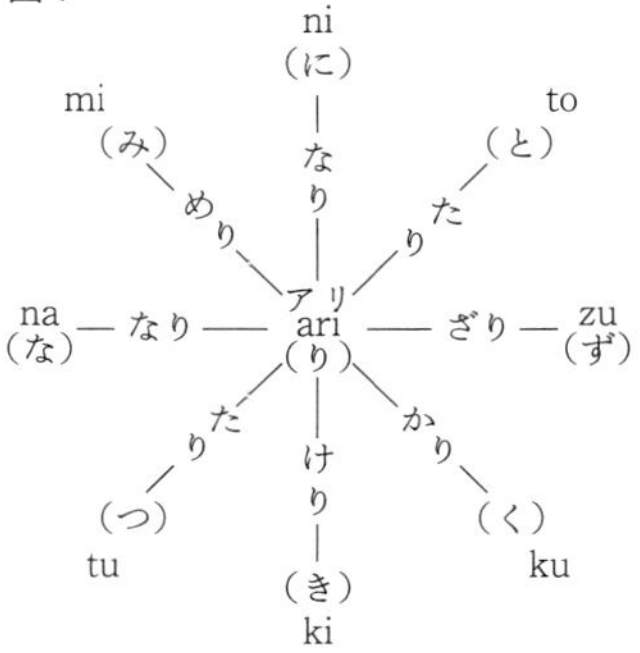

アリは助動辞になって「り」（〜る、〜ある）を形成する。

一の御子の女御はおぼし疑へ〈り〉。〔第一皇子の女御（弘徽殿女御）はお疑いある。〕
（「桐壺」巻、一―六）

年ごろ、つねのあづしさになり給へ〈れ〉ば、〔この数年、病がちがいつものことにおなりあるから、〕
（同、一―七）

さるべき人々うけたまはれ〈る〉、〔祈禱の専門家たちがお引き受けしおる、〕
（同、一―八）

順に〈り〉（終止形）、〈れ〉（已然形）、〈る〉（連体形）の語例で、それぞれ、なかにアリ、アレ、アルが詰まってはいり込んでいる。ローマ字を使って音韻で示すと分かりやすいので、

utagaphi-ari（疑ひ―アリ）→utagapheri（疑へり）〔i-a →e〕
tamaphi-areba（給ひ―アレば）→tamaphereba（給へれば）〔i-a →e〕
uketamaphari-aru（うけたまはり―アル）
→uketamaphareru（うけたまはれる）〔i-a →e〕

と書いてみる。

〔i-a →e〕は二つの母音イアが融合してエになるという音韻法則で、utagaph〈i-a〉ri（疑ひ―アリ）をutagaph〈e〉ri（疑へり）へ変化させた。その結果、「り」という助動辞が生まれる。「り」は生まれてみると、「疑へ」「給へ」「うけたまはれ」はすべて命令形に〝相当〟するので、説明の仕方として「り」は四段活用の動詞の命令形に下接すると言うことがある。命令形と已然形とは平安時代文法として同音同形だが、上代音（『万葉集』など）で見ると異なる発音なので、命令形下接としておく。

活用表を書き出してみると、

基本形	未然形	連用形	終止形	連体形	已然形	命令形
り	ら	り	り	る	れ	れ

というきれいなかたちだ。当然のことながら、動詞「あり」と同型の活用表となる。命令形に下接すると言っても「命令」とは関係がない。

†助動辞としてのアリ(〜ある)

アリのままで、助動辞として諸所に見られるという、国語学者、時枝誠記《ときえだもとき》による意見がある(『日本文法　文語篇』、辞、岩波書店、一九五四)。

(ア)美しかりき。(美しく〈あり〉き。)　行かざりけり。(行かず〈あり〉けり。)
(イ)あはれなり。(あはれに〈あり〉。)　悠然たり。(悠然と〈あり〉。)
(ウ)八月十五夜なり。(八月十五夜に〈あり〉。)
(エ)されば(さ〈あれ〉ば)　かかれば(かく〈あれ〉ば)

みぎのような分析をすることではっきりしてくる〈あり〉〈あれ〉を、時枝は「指定の助動詞」とする。(ア)は形容詞カリ活用や否定の「ざり」に含まれるアリ、(イ)は形容動詞ナリ活用やタリ活用に含まれるアリ、(ウ)は「肯定なり」に化生したアリ、(エ)は「さ」や「かく」と結合するアリ(ここは〈あれ〉)。(イ)について時枝は「あはれなり」「悠然たり」を「あはれに—あり」「悠然と—あり」と見なすので、形容動詞を認めない立場だ。

動詞「あり」との区別をつけようとすると、ときに判断に迷うにしても、ほぼテクスト上にあらわれた「あり」は動詞と見なして論を進めよう。「みしメず〈あり〉ける」(『万葉集』二十、四四九六歌)、「よふけぬとにや〈あり〉けん」(『土佐日記』、一月七日)、「いとやんごとなき際には〈あら〉ぬが」(「桐壺」巻、一―四)は、時枝ならば助動辞とするかもしれない。しかし、私としてはテクスト上にあらわれない(「なり」「たり」「ざり」や形容詞カリ活用などに埋もれる)アリにいま注目する。

だいじなこととしては、現代語の重要な助動辞「である」(や「だ」)が、「にてある」「であ(る)」「ぢや」などを経て、ついにこんにちに大いにおこなわれていることで(「である-文」「だ-文」の成立)、アリの〝助動辞〟性を引き継ぐ在り方だろう。英語でto beのbeが「存在する」という動詞であるとともに、いわゆるbe動詞(〜である)=copula(つなぎ)でもあることとおなじ成り立ちだ。

・東国語の「る」

東国語(いわゆる東歌《あずまうた》に見られる)に四段活用の未然形と一致する形から下接する例がある。「筑波《つくは》ねにゆきかも――ふら〈る〉。いなをかも。かなしきこロがにのほさるかも」(筑波嶺に雪か(なんか)、降ってるのかも。いやいや違うかな。いとしいあの娘っ子が布をかわかしてるのかも)(『万葉集』十四、三三五一歌)というので、「これは、たとえばfuri + aru →furaruと、母音連続にあたってi 母音が脱落した形であろうか」、と『時代別国語大辞典 上代編』にある。

2 「肯定なり」（〜である、〜だ）と「肯定たり」（〜たる）

†ni（に）―「なり」―アリ ari

上端の「に」へ伸びるライン上の「なり」（〜だ、〜である）にはアリ ari が潜《ひそ》まっている。つまり〈たこ足〉図の中心のアリ ari から「に」ni に伸びるライン上に「なり」（〜だ、〜である）が浮上する。活用は、

基本形	未然形	連用形	終止形	連体形	已然形	命令形
なり	なら	なり／に	なり	なる	なれ	なれ

と纏められる。アリ ari を内在することを本性としている。

コノみきは―わがみき〈なら〉ず　（『古事記』中、仲哀、三九歌謡）
このお酒は私めのお酒じゃない

に見ると、「ならず」narazu はニアラズ ni-arazu（さらにもとは ni-ar-ani-su）の i- が脱落して、narazu を形成する。「あメ〈なる〉や―おトたなばた」〔天にあるや、弟棚機姫よ〕（『古事記』上、六歌謡）の「なる」も助動辞扱いでよかろう。

「なり」はni（あるいはn）とariアリとの結合で、

ni（に）プラスariアリ →ni-ari →nari 〔iの脱落〕

となる。厳密にはn（ンでなく、ンヌ）がariと結びついて「なり」になる。このnは、単独だと日本語にならない（母音を迎えて初めて日本語の基礎音となる）から、母音をもらって「に」（連用形）になる。「に」はもと助辞「に」でもあったか、「なり」の活用体系に取り込まれて助動辞の一部となった。

この「なり」はいわゆる形容動詞ナリ活用の活用語尾とまったくおなじ「なり」で、

いよいよあかずあはれ〈なる〉物に思ほして、人の譏《そし》りをもえ憚らせ給はず、世のためしにもなりぬべき御もてなし〈なり〉。〔いよいよ飽き足らずいじらしい人物と思いあそばして、人さまの指弾にしても遠慮しあそばすことができず、史上の先例にもなってしまうに違いないご待遇である。〕

〔「桐壺」巻、一—四〕

に見ると、「あはれ〈なる〉」の〈なる〉は、「あはれ」（形容動詞語幹〈名容語〉）につづく語尾、「御もてなし〈なり〉」の〈なり〉は名詞「御もてなし」につづく「なり」であるから、別種のように見えても本来的におなじであって、形容動詞を認めるならば分けるというに過ぎない。

この助動辞「なり」を「肯定なり」と呼ぶことにしよう。「断定なり」とか「指定なり」とか（「連体なり」とか）呼ぶこともある。あとに「伝聞なり」があるので、それと区別するために

「肯定なり」あるいは「断定なり」などと俗称する。名詞に下接する助動辞。

†to（と）―「たり」―アリ ari

右上に伸びるラインのさきは「と」。あいだに「たり」が浮上する。

左下に伸びる「つ」とアリとのあいだにも別の「たり」（「存続たり」と言う）がある。それと混乱しないように。

アリと「と」とのあいだに浮上する「たり」（～たる、～だ）の用例は、平安初期の漢文訓読語に見える。辞書に、

無染著陀羅尼と名付く、最妙法が門〈たる〉をもちて、〔無染著陀羅尼と名づける、最妙法の門たるをもって、〕（金光明最勝王経・七）

という用例がある。普通には用例を『平家物語』に求める。

しかるを忠盛、備前守〈たり〉し時、〔そういう状態で忠盛が備前守だった時、〕（『平家物語』一、「殿上闇討」）

清盛、嫡男〈たる〉によって、〔清盛は嫡男たるによって、〕（同、「鱸《すずき》」）

「と」は「たり」を成立させるとともに、「たり」の連用形におさまる。『竹取物語』に、助動辞らしさの感じられる（活用語らしさの窺える）用例として、匠《たくみ》たちの奉る文に、

御つかひ〈と〉おはしますべき、かぐや姫の要じ給ふべきなりけりと、〔お使いになる方（妻妾の一人）とてあらっしゃるに相違なき、かぐや姫が要り用になさるはずであったことと、〕

（『竹取物語』、蓬萊の玉の枝）

と、くらもちの皇子と匠らとが、せっかく協力して贋物《がんぶつ》を造ったのに、ばれてしまうというところ。「ご妻妾であらっしゃる予定のかぐや姫」といった意味あいになる。

このような「と」はこの「たり」（〜たる）の連用形だと一般に認められる。文法書類では「雪〈と〉降りけむ」「親はらから〈と〉むつびきこえ」「そのこと〈と〉あれば」などを語例として挙げている。

発生的にはｔとアリ ari との結合で「肯定たり」が生じた。ｔ（子音）だけだと日本語にならない。「と」to とアリ ari との結びつきに「たり」が出てくるように示す。指定の「たり」、断定の「たり」などと言われ、「肯定たり」と俗称しておく。

to（と）―「たり」―アリ ari　〔上代音「ト」tö を「と」to に統一させる。〕

活用は、

基本形	未然形	連用形	終止形	連体形	已然形	命令形
たり	たら	と／たり	たり	たる	たれ	たれ

と纏められる。名詞に下接。

いわゆる形容動詞タリ活用の活用語尾は「肯定たり」と別のものでない。

〈漫々たる〉海上なれば、いづちを西とは知らねども、〔漫々たる海上であるから、どちらを西とは分からないけれども、〕

（『平家物語』九、「小宰相身投」）

3 「ざり」「ず」（〜ない）〔否定する〕

†zu（ず）―「ざり」―アリ ari

図のアリ ari から右端へ伸びるラインのさきに否定の助動辞「ず」（〜ず、〜ない）がある。その途中に否定語の「ざり」（〜ない）が生じる。

zu（ず）プラス ari アリ →zu-ari →zari「ざり」

zu（ず）のなかの z 音と ari とがかさなって zari になる、と考えてもよい。

・「ず」の例

それより下﨟《げらふ》の更衣たちはまして安から〈ず〉、〔桐壺更衣より階級が下の更衣たちはまして安心ならず、〕

（「桐壺」巻、一―四）

・「ざり」の例

はじめよりおしなべての上宮仕へし給ふべき際にはあら〈ざり〉き。（宮仕え当初から並みの殿上雑仕相当をなさるという分際ではなかった。）

（同、一—五）

普通には「ず」と「ざり」とを纏めて一つの活用表にする。別々に書くと、

基本形	未然形	連用形	終止形	連体形	已然形	命令形
ず	ず	ず	ず	ぬ	ね	—
ざり	ざら	ざり	ざり	ざる	ざれ	ざれ

（終止形「ざり」を認定しておく。）

となる。「ず」は古くアニス ani-su だった（ani-su →(a) n (i) su →nsu →zu）。造語成分アニ ani については序章に述べた。それをも書き添えると、

基本形	未然形	連用形	終止形	連体形	已然形	命令形
—	アナ	アニ	アニス	アヌ	アネ	—
	な	に	にす	ぬ	ね	—

となろう。これらを人為的にかさねて適宜整理した活用表が学校文法では示される。

基本形	未然形	連用形	終止形	連体形	已然形	命令形
ず	ず／ざら	ず／ざり	ず	ぬ／ざる	ね／ざれ	ざれ

・「で」（〜ないで）

否定辞の「で」は接続助辞とする。けっして「ずて」の転化でなく、「あは〈で〉」（逢わない

で）、「行か〈で〉」（行かないで）などの「で」で、「あはで」について見ると、apha-ani-te（あはアニて）から来た。

apha-ani-te →apha（n-）te →aphade（あはで） 〔n-te →de〕

4 活用語尾〔形容詞カリ活用〕

図の右下の「かり」もアリ ari 圏にあり、分かりやすいので、ここに述べると、

ku（く）―「かり」―アリ ari

というラインで、形容詞語尾の連用形「く」（あるいは「しく」）と「（あ）り」との連続の、母音が一つ落ちて「かり」となった。

さまかたちなどのめでた〈かり〉しこと、〔姿かっこうなどが絶賛に値したこと、〕

〔「桐壺」巻、一―一〇〕

めでたく medetaku プラス ari アリが medetakari となったので〔u の脱落〕、これは形容詞のカリ活用の成立として知られる。

・**「多かり」**

是につけてもにくみ給ふ人々〈多かり〉。〔（亡き更衣の）加階につけても憎悪なさる方々が多くあ

る。」　　　　　　　　　　　　　　　　　　　　　　　　　　　　　　　（同、一—九）

というように、「多し」は「多かり」という終止形を持つ。めずらしいにしても、カリ活用に終止形がある一つの証拠となる。已然形「けれ」はク活用とする（↓二五八ページ）。

基本形	未然形	連用形	終止形	連体形	已然形	命令形
多かり	多から	多かり	多かり	多かる	—	多かれ

・**活用語尾**

活用語尾は日本語の場合、〈動詞、形容詞、形容動詞、助動辞〉において見られる。語幹（語根）と語尾とが分けられない語もあるけれども、助動辞を除いてたいていは語幹があり、それに語尾がくっついて活用語になる。

語幹には意味をとれない（ごく古くは一語だったろう）語もあれば、意味を受け止められる名容語（と名づけよう）もあって、原則、活用しない。語幹にくっついてそれを働かせるのが活用語尾だから、本質上、助動辞とおなじ性格をもつ。

さらには単独で生きられなくなった補助動詞（や補助形容詞）が動詞などのあとにくっついてくるさまは助動辞の成立を思わせる。

助動辞、補助動詞、活用語尾をときに一つの視野におさめてみるというのは本書での特徴となる。

第二章

過去、伝来、完了、存続、継続

1　「き」〈過去を特定する〉

†過去の時間と非過去と

序章に示したように、krsm–四辺形（krsm–立体）の、「き」―「けり」―アリ ari は、〈たこ足〉図（三六ページ、図7）の下端へ伸びるラインでもある。「き」（～た）は過去の時間をあらわす。過去の時間といっても、物語の場合、三種を考慮する。

ア　物語の大枠《おおわく》は過去のことを語る。『源氏物語』「桐壺」巻は光源氏の死後から語り始められる。昔、光源氏というひとがいた、というのが大枠で、物語の冒頭などに示される。『落窪物語』で言うと、

いまはむかし、中納言なる人の、むすめあまた持《も》たまへるおはし〈き〉。（（これから語る物

語の）現在は昔のこと、中納言である人が娘をたくさん抱えておられる、（そういう方が）おらした。〕

（『落窪物語』一、岩波文庫、九）

と、物語の舞台も事件も人物も、すべては過去にあったことや人物から成る。そのようなフレームが、物語の冒頭や結末、またときどき物語のさなかに語り手から示される。それら以外は原則、非過去（＝現在）で物語を叙述する。欧米の小説や現代の小説などとの大きな違いがここにある。

イ 物語のなかを刻々と流れる現在にとっての過去の時間。

又、とき〴〵通ひ給ひ〈ける〉、わかうどほり腹の君とて、母もなき御むすめおはす。〔また、時々お通いになってこられてある、王家筋の女性所生の女君とて、母もないお娘がおわす。〕（同）

中納言が亡き王家筋の女性に通っていた（妻妾にしていた）ことは過去にあったこと。「通ひ給ひける」の「ける」（＝「けり」）は過去から現在へ流れいる時間をあらわす。通っていたことは過去で、その結果として女君がいまいる。「けり」は物語ぜんたいの流れに過去が注ぎ込む叙述に使われる。

ウ 物語ぜんたいが過去であることを語り手の立場から伝承として語る。

いまは昔、竹取の翁といふもの有り〈けり〉。〔いまは昔、竹取の翁といふ者がおったということじゃ。〕

（『竹取物語』、かぐや姫の生い立ち）

物語はしつこく「〜けり、〜けり、〜ける、〜ける」と語られる。すべて、語り手が物語内容を伝承として聞き知っている（内容の真偽にはタッチしない）というアピールを「けり」は果たす。

物語に立ちいるならば、刻々と進む現在がつづく。映画のスクリーンやテレビのドラマが、たとい戦国時代や昭和十年のことであろうと、いま映写ないし放映される画面としてある。物語のなかが非過去だとは、劇画やアニメをひらいて観る時、いま眼前に繰り広げられる一齣一齣であることにおなじだ。

・〝歴史的現在〟

物語が非過去だと聞くと、研究者はすぐに〝歴史的現在〟という考え方を持ち込んで、欧米語の叙述にも非過去がある、と思い合わせる。それらはあくまで過去の叙述を前提として〝歴史的現在〟があるので、本来、日本語の物語が非過去であることとは別のことがらに属する。

†「き」は積極的過去

a　神山《みわやま》ノ山辺《やまべ》真蘇木綿《まそゆふ》、短木綿《みじかゆふ》─如此《かく》ノミ故《ゆゑ》に長くト思ひ〈き〉（『万葉集』二、一五七歌）

みわ山の山辺のまそ木綿《ゆふ》は、短かい木綿だ。そのように短い、それなのにそれなのに、長いと思いました

b　日双《なみ》し皇子《みこ》（ノ）命《みコト》ノ馬副《な》メて、御獦《みかり》立たし〈し〉時は――来向かふ　（同、一、四九歌）

日双皇子《ひなみしのみこ》さま（草壁皇子）が馬を並べて、（大海人皇子《おおあまのみこ》が）

み狩りにいらっしゃった、その刻限は（いまこそ）やってくる

日本語は付属語を付加して機能を指示する言語だから、過去をあらわす「き」（終止形）や連体形「し」があると、そこに積極的に位置づける〝過去の時間〟があらわれる。

a歌は十市皇女《とおちのひめみこ》を悼む挽歌（高市皇子《たけちのみこ》の作）で、皇女の生前にいのちの長さを疑いもしなかった過去を悔やむ。

b歌は亡き草壁皇子が生前、天武に随従して吉野から逃れたときに、ここ安騎《あき》野に至ったことを言う（柿本朝臣人麿の作）。議論のあるところだとしても、実際の狩りではなくて、壬申の乱のさなか、従駕でここを通過したことを〈狩猟に来た〉と喩える。

指し示したい過去が具体的にあって、それを「き」や「し」で述べる。

c　はじめよりおしなべての上宮仕へし給ふべき際にはあらざり〈き〉。（最初から世間並みの

上宮仕えをしなさるべき分際ではなかった。）　（「桐壺」巻、一―五）

d　あながちに御前さらずもてなさせ給ひ〈し〉程に、おのづからかろき方にも見え〈し〉を、（強引にお前を離さず待遇しあそばしたあいだに、おのずから軽い方面にも見られたのを、）　（同）

c、d歌は桐壺更衣の宮仕えについて、光宮誕生以前のさまを「き」「し」であらわす。こ

のあと、誕生以後は第一皇子をしのぐ寵愛だという、物語内現在の時間がつづく。物語は全体の大枠こそ過去のこと、ずっと昔の話題であっても、物語のなか、舞台を刻々流れる時間は基本的に〝現在〟(＝非過去)としてある。

†カ行とサ行とにわたる活用

「き」が終止形なのはよいとして、連体形は「し」であり、「せ」という未然形も、上代に普通、認めることができる。五十音図で言うとカ行とサ行とにまたがる。カ行活用を、

基本形	未然形	連用形	終止形	連体形	已然形	命令形
き	け	(き)	き	―	―	―

とし、サ行活用は、

	せ	(し)	―	し	しか	―

というように、二行になろうか。ごく発生的には「来《き》」*ki* とか、「為《し》」*si* とかいった語だったかもしれない。過去という機能を表現しようとして、「来《き》」を利用したり、「為《し》」を利用したりしていった形成過程があろう。われわれの認識が過去を獲得してゆく長い時間のうちには、経過してきた事実や歴史を言語化するたいへんな試行がいろいろにあって、ついに「き」が生まれたり、「し」が生まれたりする。

連用形はないとされるものの、認めると便利なので、括弧をつけて（き）／（し）と書きいれておく。「し」に「か」が付くと「しか」というような已然形になる。それらを一つの活用表に纏め上げたのは、ずっと後世のことに属する。

基本形	未然形	連用形	終止形	連体形	已然形	命令形
き	け／せ	（き／し）	き	し	しか	―

†「け」と「せ」〔未然形〕

「けば」は ki-amu-pha だったろう。

……しロただむき、まかず〈けば〉コソ―しらずトモいはメ、

（『古事記』下、仁徳、六一歌謡、『日本書紀』十一、仁徳、五八歌謡もほぼおなじ）

白いむき身の腕を、腕枕しなかったのならば、
それこそ知らぬとでもしらを切ろうて

ki（き）-amu アムと pha（は）とから成る。ki-amu-pha のなかに amu アムを認める。amu は推量で、なかに含まれる音 m により、pha を「ば」へと変えた。ki-amu プラス pha が keba（けば）へと変化する。「け」は未然形になる。

「き」ki に aku アクが付いて keku となる場合がク語法だ。〈「き」ki プラス aku アク →keku〉。

みづたまる、ヨさみノいケに、（……）ぬなはくり、はへ〈けく〉しらに、
（『古事記』中、応神、四四歌謡）

貯水する、依網《よさみ》の池に、……じゅんさい繰り（の男が）、
（手を）伸べたのを知らないで

「せ」は「せば」という仮定の表現においてあらわれる。

ひトつまつ、ひトにあり〈せ〉ば、たちはケましを
（『古事記』中、景行、二九歌謡）

一本松、にんげんであったならば、太刀を帯びたろうに

のような、仮定の場合が上代を中心にして見いだされる（「まし」と呼応する）。「せば」を「せ」と「ば」とに分解すると、「せ」は未然形だという判定でよいが、si-amu-pha という成立を推定してよければ、もともとは連用形の「し」（を認める）で、それに例の amu（推量）がはいって仮定の表現「〜だったならば」になった。仮定の表現が過去になることについては、このすぐあと、および第四章にふれる。

†起源としての「し」

「し」には起源譚を担うという特色がある。『 』の部分が起源譚。

『みつみつし―くメノこらが、かきモトに、うゑ〈し〉はじかみ、くちひひく』―われは

―わすれし（＝志）、うちてし―やまむ
（『古事記』中、神武、一二歌謡）

『みつみつし（枕詞）来目の子らが、垣のしたに、植えた薑《はじかみ》（＝しょうが）は、口がぴりぴり、ぴりぴり』、そのぴりぴりを私は忘れまいよ、撃ってしまい、終わりにしよう　（「わすれし」を「わすれじ」と見る）

〝植えた薑〟「うゑ〈し〉はじかみ」と、なぜわざわざ〈し〉を詠みこんでいるのだろうか。すなわち、これが起源譚であって、久米（＝来目）の子の物語であることは見やすい。これに現実の戦争をかさねる、歌謡の成立としてある。よほど古い歌謡――くめ歌――で、それでも古代歌謡が二重的性格を持つことを見誤るべきでない。

コノみきは―わがみきならず、『くしノかミ、トコヨにいます、いはたたす、すくなみかミノ、かむほき、ほきくるほし、トヨほき、ほきモトほし、まつりコ〈し〉みき』―ソ。あさずをせ　ささ
（『古事記』中、仲哀、三九歌謡）

この御酒は、私一箇のお酒でない、『酒の神、常世に座す、石にお立ちの、すくな御《み》神が、神称《たた》え、狂い称え、にぎやかに称え、称えめぐり、祀り来たお酒』ですぞ。あまさず飲め　さあさあ笹酒

みぎの酒起源譚（『　』の部分）は端的に古代歌謡の性格を露呈している。歌謡のもとが起源譚であったということは、沖縄語の口承文学からもたらされるだいじな知見だ。このように起

源のうたに〈し〉がうち沈められてあるさまをしっかり見据えたい。

†「き」＝目睹回想は正しいか

こうして見ると、英語学者、細江逸記の、いまも引く研究者が多い〈「き」＝目睹《もくと》回想／「けり」＝伝承回想〉という考え方の修正点が見つかる。「目睹」は目撃すること。「伝承」は目撃せず、過去から伝承してきたこと。つまり細江は〝体験し実際に見た過去〟と〝見ていない過去〟とで叙述の仕方に違いがあるとした（『動詞時制の研究』、泰文堂、一九三二）。近代英語で分からなくなってしまっている「経験回想と非経験回想と」が、諸言語の文法から感得できるとし、これらは〈目睹回想、伝承回想〉とも称せられるとして、日本古語での「き」と「けり」との区別に対応する、と述べた。

『竹取物語』で、漢部《あやべ》のうちまろのさし出す書状に、

つかさをも給はんとおほせ給ひ〈き〉。これをこの頃按ずるに、御つかひとおはしますべきかぐや姫の要じ給ふべきなり〈けり〉、とうけたまはりて、（官をも下さろうとおっしゃいました。このことを最近、考えると、ご妻妾であらっしゃるかぐや姫がご用達のはずであったことと、お聞きして、）（蓬萊の玉の枝）

とある、「おほせ給ひ〈き〉」の「き」は「確かに私共耳で聞きました」であり、一方、「要じ

給ふべきなり〈けり〉」とある「けり」は「お求め遊ばすのぢやげな」と、「き」と「けり」との使い分けがあると、細江の指図は一見、みごとだ。

「き」はしかしながら、経験しえない神話時代のことや、歴史的過去を述べることのできる便利な助動辞で、何百年前のことであろうと、異国のことであろうと、「き」で語るのは、〈過去の時制〉をあらわす機能として、それが成立していたからではなかろうか。

大伴の大納言はうその語りでも「き」で語るから体験談の迫力を生じる。

ある時は風につけて知らぬ国に吹き寄せられて、鬼のやうなるもの出で来て殺さんとし〈き〉。……海にまぎれんとし〈き〉。……食ひかゝらんとし〈き〉。〔ある時は風のままに知らぬ国に吹き寄せられて、鬼のようなものが出て来て殺さんとした。……海にまぎれんとした。……食いかかろうとした。〕（同）

「き」が目撃性のつよい語だということは確かだとしても、過去をしっかり特定する助動辞だから目撃したことをありありと示すのであって、「き」の機能としては〈過去の時制〉を引き受ける。

†『古事記』地の文の「き」と物語文学の「けり」

『古事記』は神話的過去を語り、また歴史的過去を語る。過去を地の文で語る場合、三通りの仕方が考えられる。文末を中心に見てゆくと、(ア)「き」で語る、(イ)「けり」で語る、(ウ)非過去で語る、という三種が想定される。

『古事記』は大枠において漢文形式で書かれる。その限りでならば、日本語としての語りの実態を知ることはむずかしい。ところが、そのなかにあって、歌謡が万葉がなで書かれるほかに、地の文でもところどころ、万葉がなで書かれる。

八拳須至于心前〈啼伊佐知伎〉也。(啼きいさちき。)

亦切鬚及手足爪令抜而〈神夜良比夜良比岐〉。(神やらひやらひき。)

如先期〈美刀阿多波志都〉。(みとあたはしつ。)

此者〈伊能碁布曾〉。(いノゴふソ。)

在其室〈待伊那流〉。(待ちいなる。)

立走〈伊須須岐伎〉。(立ち走りいすすきき。)

〈真事登波受〉。(真《ま》事《コト》トはず。)

能〈見志米岐〉其老所在。(見しメき。)

という八カ所を拾い出せる。この一覧は作ってみるときわめて興味深い。これらは「啼きいさち」「神やらひやらひ」「あたはし」「いノゴふ」などの語が万葉がな中心で書かれたために、つづく文末の実態がはからずも姿をあらわしている。「き」が四例、「つ」が一例、「ソ」が一例、非過去で投げ出してある一例、そして「ず」が一例。

偶然に書かれた文末であるからには、『古事記』の原文の全体に当てはめて、判断の材料にしてよい数値ではないか。八例のうち、「き」という過去形式が半数であると言うことは、『古事記』の基調が（ア）「き」という過去であることを如実に示したと見られる。

物語文学の冒頭が（イ）「けり」であることは、さきに述べたように、

今は昔、竹取の翁といふものあり〈けり〉。野山にまじりて、竹を取りつゝ、万《よろづ》のことに使ひ〈けり〉。〔今は昔、竹取の翁という者がおったという。野山にはいって竹を取り、いろんなことに使ったという。〕（かぐや姫の生い立ち）

と『竹取物語』に見られる通りで、伝承の文体だ。

基調が（ウ）非過去で語られることも物語文学の特徴で、『古事記』の基調が（ア）「き」であることとは鮮明な対立だと思う。

†「まし」との関係

一言、ここに述べておきたいこととして、「せば」という表現に関連して、気になるのが、「せば」と呼応する、「まし」ではないか。「まし」は過去の助動辞「き」のサ行活用とあまりにもよく似る。

・「き」のサ行活用

基本形	未然形	連用形	終止形	連体形	已然形	命令形
―	せ	（し）	―	し	しか	―

・「まし」の活用

基本形	未然形	連用形	終止形	連体形	已然形	命令形
―	ませ／ましか	―	まし	まし	ましか	―

と併記するならば、明らかに同類と見られる。「まし」は反事実の仮定をあらわすとされ、助動辞であることはたしかで、「せば」という仮定表現と対応することからも、「まし」の「し」が過去にかかわることを認める必要がある。「ましか」には未然形のそれと已然形のそれと、両方があり、明らかに前者は後者の転用で、本来、已然形だったろう。

英語の If I were〜のような、仮定表現が「過去」になることを、自然、思い合わせることになる。

If I were a boxer, 〜〔もしも私が拳闘家だったならば〜〕

と、現代日本語訳のほうでも「〜だったならば」と、過去っぽくなる。非現実や未来のことを仮定するのだから、仮定過去というのか、「し」のなかに過去という機能の芽生える機制が窺えそうだ。

「まし」の「ま」は何か、という疑問については、動詞（や助動辞）の未然形に付く「ま」というような接辞があるかどうか。「かへらまに、君コソ—吾に」（『万葉集』十一、二八二三歌）、「反《かへ》らばに、如何《なにしか》—恋ノ」（同、十二、三〇三五歌）という、「ま—に」（あるいは「ば—に」）という表現がある。「まほし、まうし」という種類の助動辞成立の機微にもかかわるかもしれない。このような「ま」を何と呼ぶのか、接尾語か、小辞というか、吸着語か。ク語法と言われてきた「まく」も視野にはいってこよう。「し」が付加される経緯には、なお説明しがたさがのこるにせよ、

知りせば　　知りしかば　　a
知らませば　知らましかば　b

と並べると、aに「ま」が付加されてbの表現となってきた経過はだいたい見通せる。「まし」が過去にかかわることは明らかだと思う。

「まし」についてはのちに第四章で用例を調査する（一四五ページ以下）。

2 「けり」〈過去から現在へ〉

†「き」とアリariとのあいだ

〈たこ足〉図（三六ページ）の中心のアリariから下端に伸びる足が、「けり」を通って「き」に到達する。さきに見たｋｒｓｍ-立体の、「き」と「り」とのあいだにある左上辺、そこに「けり」があらわれていた図示（図5、二四ページ）とおなじラインだ。

たこの足に手との区別はなかろうから、どの方向に書いてもよいのだが、助動辞どうし、けっして孤立することなく、隣りあう機能によってたがいに成立する以上、「り」（＝アリari）は「けり」と規定しあい、「けり」は「き」と規定しあう。

「けり」が持つ機能は、「き」（過去）とアリari（現在）とのあいだにあることで分かるように、〈過去から現在への持続〉つまり〈時間の経過〉に求められる。基本の機能としてはそれ以外にない。「けり」のなかにアリariが仕舞われている。活用は、

基本形	未然形	連用形	終止形	連体形	已然形	命令形
けり	けら	（けり）	けり	ける	けれ	―

で、連用形を欠くと言われるのは、必要なので書き入れておく。未然形は「過去《すギに》〈けら〉ずや」（『万葉集』二、二二一歌）のようなのが上代にある。

たふとくあり〈けり〉（『古事記』上、七歌謡、『日本書紀』二、神代下、六歌謡）

つキたちに〈けり〉（『古事記』中、景行、二七歌謡）

さし〈ける〉しらに（同、応神、四四歌謡）　かみ〈けれ〉かも（同、仲哀、四〇歌謡）

と、「けり・ける・けれ」のケースを見ると、すべて、動詞に下接するか、助動辞「に」（↓「ぬ」）に下接するか。後者の場合、助動辞への下接であるから、「けり、ける」をも助動辞と見なしてかまわなく、動詞へ下接する場合にしても、〈～してき、いまにある〉意の助動辞であると判断してさしつかえない。

時間の経過をあらわす助動辞が、このように日本語にあるということは貴重だ。時間の経過から、副次的に気づきの意味合いが生じることはあるとしても、本来的には時間の助動辞であると強調したい。

†「けり」の本来は動詞「来《け》り」

みぎに「助動辞と見なしてかまわなく」と書いたように、「けり」はもともと動詞から来て成立した助動辞で、『万葉集』に〈やって来る〉意味の複合動詞「けりkeri」（来《け》り）が数例、見つかる。

……冬木成《コもり》、時じき時ト、見ずて往かば、益して恋しみ、雪消する山道尚《すら》を、なづみゾ―

吾（が）来《け》る　　　　　　　　　　　（『万葉集』三、三八二歌）

冬籠り、時季でもない時なのにと、見ないで往くならば、まして恋しくて、
雪消えの山道ですら、難渋しながら私が来ある

は、歌末「名積叙吾来煎」を「なづみゾ—吾が来《け》る」と読んで、「吾（が）」のあと、ただちに「来《け》る」とあることにより、この「ける」は「来《き》—あり」という複合動詞であり、やって来る意（空間を移動して来る意）と見るほかない。動詞「けり」はこのように『万葉集』にいくつもあって、助動辞「けり」のはるかな原因となった語だろう。その三八二歌につづき、

築羽根《つくはね》を、外《ヨソ》ノミ見つつ、有りかねて、雪消ノ道をなづみ来有《ける》かも　（同、三、三八三歌）

筑波嶺を、外部からだけ見ながら、がまんできなくて、
雪消えの道を難渋してやって来るのかなあ

という事例もある。前歌を受けるからには、原文「名積来有鴨」（なづみけるかも）の「来有《ける》」をも動詞と取るべきなのか、それとも「なづみ」という動詞につづくから助動辞の扱いでよいのか、このような三八二・三八三歌の事例こそは、助動辞「けり」がもともと、動詞「来《け》り」とかかわりのあったことの有力な証拠ではあるまいか。

ほかに、「蓑笠蒙《き》ずて、来《け》有る人哉《や》—誰《たれ》」（蓑笠を着けないで来ある人はだれかしらん）（同、十二、三一二五歌）、「たまづさノ使ノけれ（家礼）ば」（玉梓《たまづさ》〈手紙〉の使いがやって来るので）（同、十七、三九五七歌）などもある。

来ることをあらわす〝祖語X〟があった。そのXが、動詞「来」（連用形「き」）にもなれば、助動辞「き」にもなる。そもそも、助動辞はそれ以前の自立語から転成してできたのであり、助動辞「き」の場合、動詞「来（き、く）」と未分化な段階があったはずだというのが私の見通しとしてある（図8）。

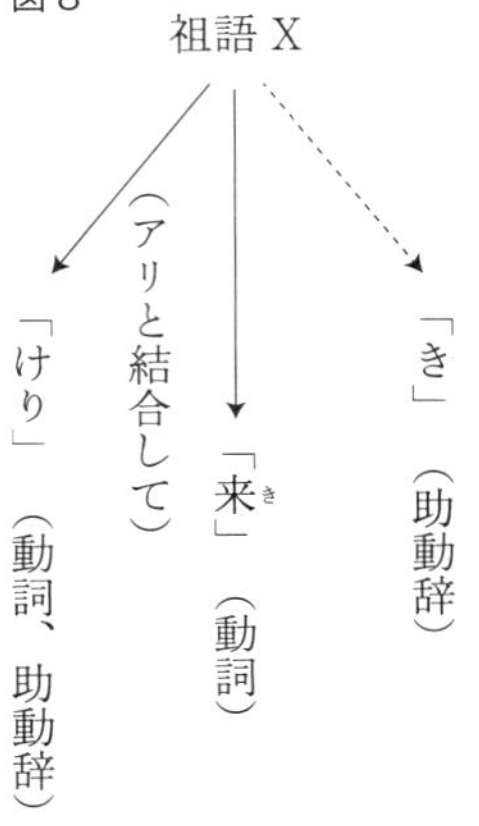

図8

・東国語「かり」

なお「けり」の東国語に「かり」を一例見る。「たびトヘド、またびになりぬ。いへノもが、きせしコロモに、あかつきに〈かり〉」（旅と言うけれども、真の旅になってしまう。家の妻が着せてくれた、衣に垢がついちまったことだ）（『万葉集』二十、四三八八歌）のように。「け」→「か」の移動は東国語のうちにいくらも見られるので、「着《か》る、遠かども」などとともに、音韻変化かと見ておく。

†時間の経過〔過去からの〕

「けり」は古代歌謡を始めとして、『万葉集』のうた、『古今集』の詞書やうた、『竹取物語』『伊勢物語』などの物語に、用例があふれかえる。

あかだまは—をさへひかれド、しらたまノ、きみがヨソひし—たふとくあり〈けり〉

（『古事記』上、七歌謡）

赤玉は紐さえぴかぴかだけど、
白玉のような君の衣裳がみごとでありましたとよ

みぎの『古事記』歌謡の例は、以前からの衣裳のみごとさがつづいていまにあることを言う。『源氏物語』の冒頭には二つの「けり」を見る。

いづれの御時にか、女御、更衣あまたさぶらひ給ひ〈ける〉中に、いとやむごとなき際にはあらぬがすぐれてときめき給ふあり〈けり〉。はじめより我はと思ひ上がりたまへる御方々、めざましき物におとしめそねみ給ふ。〔どの帝の御代だか、女御や更衣がかず多く伺候なさってこられある中に、たいして高貴な身分ではない（方）が、ずばぬけて優遇されておられる、（そういうことが）あったという。（宮仕えの）当初から、「（一番ね）私は」と気位高くお思いの方たちは、（桐壺更

衣を）目障りなやとだと、さげすみ嫉妬なさる。）　（「桐壺」巻、一―四）

「女御、更衣あまたさぶらひ給ひ〈ける〉」というのは、ずっと以前から女性たちが後宮に伺候してきたのだし、「すぐれてときめき給ふあり〈けり〉」は、桐壺更衣が物語の始まる前から優遇されていまに至ることを言う。このような「けり」は第二文以下になると消える。

思ひめぐらせば猶《なほ》、家路と思はむ方は又なかり〈けり〉、内わたりの旅寝すさまじかるべく、（考えをめぐらしてみるとやはり、家路と思うような方向はほかになかったことだと、宮中での旅寝は殺風景だし、）　（「帚木」巻、一―四八）

にしても、家路はずっと前からその女のところだったというので、そう気づく以前からのことで、いまもそうだという時間の経過がある。

幼くおはし〈ける〉男君、女君たち、慕ひ泣きておはし〈けれ〉ば、ちひさきはあへなむ、と公も許さしめ給ひ〈しか〉ば、ともにゐて下り給ひ〈し〉ぞかし。（幼くていらっしゃった男君、女君たちが、慕い泣いていらっしゃることだから、ちいさい子はよろしい、と公儀も許させなさったから、一緒に下りなされたことでしたよな。）　（『大鏡』上、左大臣時平）

『大鏡』の例は、生誕時から父子としてずっと一緒だったのであり、時間が経ってこんにちに至る。その男君、女君たちがずっと慕い泣いて、泣き通しでいまに至るから、公儀は道真にかれらを連れて大宰府へ下ってよろしいと許可した。そこで実際に子どもたちを同行したと、物語の大枠は過去であることを「しか」(「き」の已然形)「し」(連体形)で示す。物語のなかのいまと大枠の過去との関係が歴史物語では分かりやすい。

†時間的なあなたからやってくる事象

竹岡正夫という『あゆひ抄』研究者が、一時、「けり」論争へ身を乗り出して、いくつもの重要な突破口をひらいた(「助動詞『けり』の本義と機能」『国文学・言語と文芸』三十一、一九六三)。最終的には乗り越えられる必要のある竹岡理論だとしても、理論の名に値する竹岡学説からわれわれは退転すべきでない。ごく基本のところへ竹岡はとって返す。

竹岡の言わんとする「けり」の示すところはじつに明快であって、〈物語中の現場からは別世界での事象を、言語主体が「あなたなる世界」における事象として認識していることを表わす語である〉と述べた。

物語中の現場からは離れた別世界での事象がある、つまり「あなたなる世界」における事象を表わすために「けり」が使われる、というのが竹岡説だった。このことを空間的にも時間的にも言える、とする考え方だ。

私はそれについて、空間性を時間のうちに含ませて、〈時間的なあなたからやってくる事象〉であると、統一して考えたい。物語のうちがわの時制は非過去つまり現在にあって、刻々と、現在なら現在の時間が流れている。そこへ〈あなたなる時間がはいりこむ〉と考えればよいのではないか。はいりこんでくるのは〈時間〉だ、と。

竹岡が空間的なかなたの世界とするのは、

一の御子は右大臣の女御の御腹にて、寄せ重く、疑ひなき儲《まう》けの君と、世にもてかしづききこゆれど、この御にほひには並びたまふべくもあらざり〈けれ〉ば、〔第一皇子は右大臣の女御の所生で、後見がどっしりして、まちがいなくお世継ぎの君であると、世間からたいせつにし、お世話し申すけれど、新しい御子のお美しさには並びなさりようがなかったことだから、〕（「桐壺」巻、一―五）

が一例だ。一の御子について「けり」を使い、光宮には「けり」を用いない。「けり」の使われてない部分（つまり光宮中心）が物語中の現場だから、他者（一の御子）の「あなたなる」場での事象は「けり」で示される、と。まことに巧妙な説明のように見えて、さきに生まれた一の御子が資質の点で光宮に及ばなかったと、比較して明らかになる事象とは、時間的に、以前からの事象ではないか。「けり」がさし示すのは時間的なあなたから来る事象なのだ。

†伝来の助動辞として

もう一例をも見ると、

このごろの御けしきを見たてまつる上人《うへ》、女房などは、かたはらいたしと聞き〈けり〉。

〔このごろのお顔色を見たてまつる殿上人や女房たちは、傍らにいてつらいとはらはら聞いたことだ。〕

（同、一―一七）

は、テクストをキキケリと訓むとして（原文「聞けり」）、帝が弘徽殿方から音楽が聞こえてくるのを、不愉快と思う。当てつけがましいその音楽を、ずっと前から殿上人や女房らが気にしており、帝に対してきのどくだと思っていたと、時間的な既往からいまに至るまでを「けり」があらわしていると取るならば、まことに「けり」にふさわしい箇所と言える。

父の大納言は亡くなりて、母北の方なんいにしへの人のよしあるにて、親うち具しさしあたりて世のおぼえ花やかなる御方々にもいたうおとらず、何ごとの儀式をもてなし給ひ〈けれ〉ど、〔父の大納言は亡くなって、母北の方が古式の人で由緒があるので、親がそろいさしあたって世間からの思われが華々しいお方々にも、そんなに見劣りせず、ありうる儀式をも処置しなさってきたけれど、〕

（同、一―四〜五）

宮仕えの当初から、ずっと何くれと儀式はあったわけで、母の才覚でやるだけのことはやってきたし、いまもつづけているにしても、いざと言うときの不如意は如何ともしがたい。遡る時間から筆を起こしていまにつづけるという、「けり」の用法に不明瞭さはない。

「けり」は時間の流れ、経過をあらわす助動辞なのだ。そこをはずしてはならない。上接する動詞に、いろいろと経過や反復をあらわす場合が圧倒的に多いことをも、見のがしてはならない。「桐壺」巻の五十八例なら五十八例にわたって、処置に困るような事例はない。伝承を含め、時間経過の「けり」という前提で処理すれば、何の困難もない。

「亡きあとまで人の胸あくまじかり〈ける〉人の御おぼえかな。」とぞ、弘徽殿などには猶ゆるしなうのたまひ〈ける〉。〔「亡くなるあとあとまで誰かの心が晴れそうになくてあるお人の思われようだこと。」とまあ、弘徽殿などにはそれでもなお容赦せずおっしゃったことだ。〕（同、一─一〇）

弘徽殿にとり、桐壺更衣は亡くなってなお煩わしくいまに迷惑でありつづけている。

命婦は、まだ大殿籠らせ給はざり〈ける〉、とあはれに見たてまつる。〔命婦は（帝が）まだ御寝《ぎょしん》あそばされなかったことよ、としみじみ見申す。〕（同、一─一五）

帝は命婦が宮中へ帰還する時点でそれよりまえから起きていた。

「けり」は、こうして見てくると、伝承をあらわす〈物語口調〉（とは竹岡の言い方）として、いくらも使われるのを含めて、以前の事象が現在などあとの場面へ流れいる際に、大いに用いられる。「けり」は〝時間の経過〟をあらわすというガイドラインで纏め上げられる。名づけるならば〈伝来の助動辞〉というのに尽きるのではないか。気づきのような感じは文脈上、派生的に生じた効果であって、文法的意図をそこに見つけることができない。

†「けり」に詠嘆はあるか

「けり」に〈詠嘆〉を感じる感じ方が近世以後に見られる。詠嘆あるいは気づきらしさを多くの人の感じてしまうのが、

物の心知りたまふ人は、か丶る人も世に出でおはする物なり〈けり〉、とあさましきまで目をおどろかし給ふ。〔ことの筋目をわけ知りなさる人は、かようなる人も世に生まれいらっしゃることであったと、あきれるぐらいにびっくりさせられなさる。〕（同、一―七）

とあるような箇所かもしれない。「物の心知りたまふ人」が、以前を振り返り、かような理想的人材がこの世に出現したことがいままでにあるか否か、思いをめぐらして改めておどろく、というところ。

五十八例中、おどろきの場面はけっして多くないのに、みぎのような場面から、詠嘆や気づきが「けり」の意図するところだと論じてしまうことには、何と言っても疑義をおぼえる。竹岡すら、ここは詠嘆のきもちが自然に添うところなどと言っているけれども、「けり」の本義ならば〝時間の経過〟だろう。

なのに、学校文法の一部の説明として、和歌などの場合（和歌でなくとも）、「けり」には「詠嘆」という「意味」があるのだと、教科書などに書かれることがある。まったくそのような事例を古文の上に見つけることができない。第一に助動辞は機能だけがあって「意味」を持たない。詠嘆の助辞というのは別にちゃんと用意されている。

花の色は―移りにけり〈な〉。いたづらに我が身、世にふる。ながめせしまに
（『古今集』二、春下、一一三歌）

花の色はうつろってしまいましたよな、ああ。むなしく我が身は、
世に長らえる。長雨にうかうか過ごした間に

著名なこの小野小町歌について見ると、「花の色は―移りにけり」につづく助辞「な」が詠嘆を引き受けるのであって、それに上接する「けり」が詠嘆か詠嘆でないか、深く考えるまでもなかろう。時間の経過ののちに忘れていたことなんかをはっと思い出し、ある種の感情を持つことはあってかまわない。それは効果であっても、助動辞に具わる機能や何かではありえない。気づきという効果が出てくるにしても、詠嘆ではありえない。

†口承語りの文体

昔話の研究はかつて話型に偏重していたため、語り口をのこしている資料に乏しかった。私に欲しいのは、

むがし。兄《あん》ちゃど弟《おど》ちゃど二人の兄弟あったずもな。薬も何もねえ時分だから、弟ちゃは唐の国さ行って、漢方のごど勉強して来たど。その薬が売れで売れで、金持ちになったずもな。兄ちゃは焼餅やいで、

「兄弟だがら教《お》せだら良《え》がんべ」て言うし、弟は、「苦労して覚べで来たんだがら、教せられねえ」て大喧嘩なって、弟ば殺してしまったずもな。そうして何という草がわがんねども、弟が売ってでだ草取って、いい薬草だって売って、金儲げしたげど。……（下略）（「弟切草」、佐々木徳夫編『遠野の昔話』桜楓社、一九八五）

というような、語り口を伝える聞き書きだ。「～たずもな」「～たど」「～たげど」がさいごまで繰り返される。昔話が伝承であることを、みぎのような事例の文末で確認できる。つまり、だれかから聞いた伝承であると、しつこく話者は繰り返す。

～たと、～たって、～たげな

と、文ごとに持つ。

これに相当する文体を、古文読みの人たちは馴染みのはずではないか。歌物語の文体や物語文学その他の、「…けり、…けり、…けり」（「…ける、…けれ」を含む〈以下同じ〉）とつづく展開が、口承の文学に負うとは基本の確認としてある。「けり」が〝時間の経過〟をあらわすとは、伝承であることを最もよく示す、というほかない。

・『伊勢物語』二段

むかし、をとこあり〈けり〉。奈良の京ははなれ、この京は人の家まだ定まらざりける時に、西の京に女あり〈けり〉。その女、世人にはまされり〈けり〉。その人、かたちよりは心なむまさりたり〈ける〉。ひとりのみもあらざり〈けらし〉。それをかのまめ男、うち物語らひて、かへりきて、いかが思ひけむ、時はやよひのついたち、雨そほふるにやり〈ける〉。……

・『大和物語』二段

帝、おりゐたまひて、またの年の秋、御《み》ぐしおろしたまひて、ところどころ山ぶみしたまひて行ひたまひ〈けり〉。備前掾にて橘良利と言ひ〈ける〉人、内におはしまし〈ける〉時、殿上にさぶらひ〈ける〉、御ぐしおろしたまひ〈けれ〉ば、やがて御ともに、かしらおろして〈けり〉。人にも知られ給はでありきたまう〈ける〉御ともに、これなむおくれたてまつらでさぶらひ〈ける〉。……

・『平中物語』一

いまはむかし、男二人して女一人をよばひ〈けり〉。先だちてより言ひ〈ける〉男は、つかさまさりて、その時の帝に近う仕うまつり、のちより言ひ〈ける〉男は、そのおなじ帝の母后の御あなするにて、官は劣り〈けり〉。されど、いかが思ひけむ、のちの人にぞつきに〈ける〉。……

とあるように、「〜けり、〜ける、〜けり、〜ける」はまさに口承文学の文体であることを確認したい。

3　「ぬ」のさし迫り方、過ぎゆき方

†「ぬ」と「つ」〔長円立体〕

「ぬ」「つ」および「たり」とｋｒｓｍ-立体との関係を図示しよう（図9）。

図9

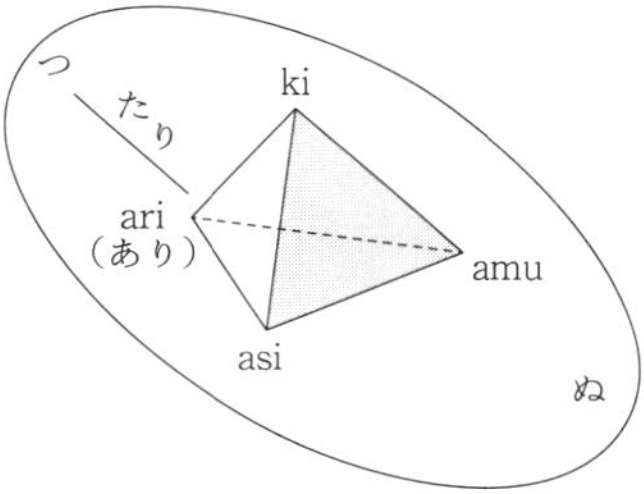

時制から解放されてある以上、「ぬ」や「つ」をｋｒｓｍ-立体のそとに求める。しかも、それの周囲を回りつづける長円立体――「ぬ」と「つ」とを二つの焦点とする――ではないかと思う。「ぬ」も「つ」も激しく動くラグビーボール状で、動態であるのを静止画像に描いた。むろん、こういう図示は〝遊び心〟の産物なので、もしそれらが推量の助動辞「む」に近づくならば、「て―む」や「な―む」が活性化するだろうといった、各自の書き入れはまったくの自由裁量のうちにある。

「ぬ」と「つ」とに共通することがあるとすれば、行為や事態の（ややむずかしく）一回的遂行性と言いたい。「ぬ」（〜てしまう、さし迫る）と「つ」（〜たところだ、〜たばかりだ）とは、時間に対する二つの在り方を別々にとらえた助動辞だから、古文としてしっかり分けて理解する。「ぬ」を「〜てしまう」と現代語にすると、「つ」も「〜てしまう」と言える現代語訳になることがあり、区別がなくなる（「つ」については次節に述べる）。

†「はや舟に乗れ。日も暮れぬ」

一例を出してしまうのがよいかもしれない。『伊勢物語』の、よく知られる部分なので、すこし長めに取り上げる。

なほ行き〳〵て、武蔵の国と下総の国との中に、いと大きなる河あり。それをすみだ河と言ふ。その河のほとりに群れゐて思ひやれば、限りなくとほくも来にけるかな、とわびあへるに、渡し守、「はや舟に乗れ。日も暮れ〈ぬ〉」と言ふに、乗りて渡らんとするに、みな人ものわびしくて、京に思ふ人なきにしもあらず。〔それでも行きすすんで、武蔵の国と下総の国との中間に、えらく大きな河がある。それを隅田河と言う。その河の岸辺にむらがりすわってきもちを馳せると、果てしなく遠くにも来てしまいあることよな、と(たがいに)心細くしていると、渡し守が、「さあ(急いで)舟に乗れ。日も暮れてしまう」と言うから、乗って渡ろうとすると、全員何かと気落ちして、京に愛する人のいなくもまあない。〕

(『伊勢物語』、九段)

このなかの、「はや舟に乗れ。日も暮れ〈ぬ〉」と、渡し守の言う語は難解だろうか。『古今集』には「はや舟に乗れ。日暮れぬ」とある。日は暮れたのか、それともまだ暮れていないか。日が暮れそうで、まだ暮れないうちに、急いで河を渡ろうという。まだ明るくても刻々と暮れてゆく夕方を思い浮かべる。

「暮れぬ」という、暮れる前の段階で「ぬ」と言う言い方に、違和感はない。そこに「ぬ」の生命が凝縮されていると考えて、現代語に言い換える際に「~てしまう」としてみた。「暮れてしまうよ」と、「よ」が欲しくなるけれども、〈日が暮れてしまう!〉でも、さし迫る日没に急ぎたくなるきもちを表現できる。「~てしまう」が、けっして時制 tense と見誤られることのないように。

さきに出かけてしまいますからね！
このケーキ、食べちゃうよ！（「〜ちゃう」＝「〜てしまう」）

時間についてのある種の態度として、「もう待っていられない、出かける時間だ」、あるいは食べられても仕方がない状態で、ケーキがテーブルの上にまだあることはある。ここでは出かけるという状態（完了）を頭のなかに置いて、その状態へさし迫る時間を「ぬ」があらわす。ケーキが食べられて眼前から消えるという状態（完了）を想像して、いよいよ食われるぞという切羽詰まった時間のさまを言う。

完了と言われるのはよいが、完了状態に対する何らかの切実さを言うので、実際には未完了であってよい。未完了は完了を前提として起きる状態であるはずだ。

†「絶えなば絶えね。ながらへば」

もうしばらく用例を眺めよう。

さゐがはよ、くもたちわたり、うねヒやま、コノはさやぎ〈ぬ〉。かぜふかむトす
（『古事記』中、神武、二〇歌謡）

佐葦川より、雲は立ち渡り、畝傍山に、
木の葉が音をたてる気配だ。風が起ころうとする

「コノはさやぎぬ」は現在のことでない以上、木の葉がいままさにざわざわせんとする、何かの気配を言う。

未然形と命令形とをうまく並べる、式子内親王の、

玉の緒よ、絶え〈な〉ば絶え〈ね〉。ながらへば、しのぶることの、よわりも——ぞする

（『新古今集』十一、一〇三四歌）

玉の緒の命よ、絶えてしまうならば絶えてしまえ。（この世にいつまでも）長らえるならば、がまんのバーが低くなる（心配だ）

のような名歌もある。

時制に関係がない、というところが要点だから、時間の状態を「ぬ」であらわすさまは、

「夜中うち過ぐる程になん絶えはて給ひ〈ぬる〉。」と泣きさわげば、御使もいとあへなくて帰りまゐり〈ぬ〉。（「（桐壺更衣は）夜中をすこし過ぎる時刻にええ、亡くなっておしまいになる。」とて泣きさわぐから、御使にしてもすっかり力を落として帰参してしまう。）（「桐壺」巻、一―八）

というような場面でも、精妙に読み解かれる必要がある。物語のなかを流れる時間は刻々と進むいまとしてある。「絶えはて給ひ〈ぬる〉」は「いま亡くなりました」という報告でなくて、「とうとうお亡くなりになってしまう」。「帰りまゐり〈ぬ〉」は御使が、がっかりしながら宮中へ「帰って来てしまう」というところ。「ぬ」がアスペクト語（時間の諸相をさしあらわす語）で

あるさまはこういう箇所で生き生きとする。

†「に―き」と「な―む」

みやひトノ、あゆひノこすず、おち〈に〉きト、みやひトトヨむ。さとびトモ―ゆメ

（『古事記』下、允恭、八二歌謡、『日本書紀』に類歌）

宮人の、足結いの小鈴が、落ちてしまいましたと、

宮人が大騒ぎ。里人もけっしてけっして（油断めさるな）

ある宮女が「男の手中に落ちておわった」という、「おちにき」（落ちてしまった）はいわゆる過去完了だろうが、「おちぬ」（いよいよ落ちてしまう）状態が事実になって露顕したというので、「に」（「ぬ」の連用形）を単純な強調のようにとってはならない。

やたノ、ひトモトすゲは―こもたず、たちか―あれ〈な〉む。あたらすがはら。コトをコソ―すゲはらトいはメ。あたらすがしめ

（同、下、仁徳、六四歌謡）

八田の、一本菅は、子を持たず、立ち枯れてしまいそう。もったいない菅原。

ことばをこそ、菅原というにしても、もったいない清し女《すがめ》

盛りの過ぎてしまおう女性を誘うという、もとは歌垣などの際の男歌だろう。立ち枯れしてしまうよ、とはある種の強調だろうが、「な」（「ぬ」の未然形）によって将来（＝む）にいよいよ

盛りが終わろうことをつよめる。「なむ」は未来完了という扱いでよい。

†上接する語から区別するか

上接する動詞に大きな違いがある、ということはよく指摘されてきた。上接する語で「ぬ」と「つ」との差を説明できるか、間接的な説明という限界を承知の上で言えば、『源氏物語』で見ると、「成りぬ」は三百例あるのに、「成りつ」は一例もない、とか、逆に「言ひつ」は五十数例で、「言ひぬ」が一例もない、とかいった指摘がしばしばなされる。

『万葉集』で「ぬ」に上接する動詞は、「成る、咲く、濡る、散る、明く、荒る、吹く」などの自然現象や起こり、「来《く》、過ぐ、経《ふ》、寄る、近づく」などの移動、「(自然に)立つ、別る、鳴く、合ふ、恋ふ、知る」などで、自動詞が多いとしばしば言われる。

「咲いてしまう、濡れちまう、明けちゃう」というように、「〜てしまう、ちまう、ちゃう」を付ける、「(はやく見にゆかないと蓮の花が)咲いてしまう、(ぐずぐずしていると雨で)濡れちまう、(急がないと夜が)明けちゃう」と、たしかに時間の推移のなかで動作をうながしたいきもちになる。「ぬ」は口語の世界から滅んでも、その精神ならば生きる。

『万葉集』で見ると、「つ」に上接するのは「かぬ(不能)、見る、聞く、言ふ、嘆く、かざす、告ぐ、結ぶ、泣く、見ゆ、暮らす」など、他動詞が多いと言われる。「見てしまう、言っちまう、泣いちゃう」など、「(思わず)見てしまう、(つい)言っちまう、(もらい泣きに)泣いちゃう」というようなさまざまな人為や、「(断固として)言ってしまう、(隠さないと)見えちゃう」などのような、一回性について遂行をこととする場合に言われる感じがする。やはり口語の世界に生きている。

上接する語に顕著な差異があるとはその通りだが、「ぬ」と「つ」との相違によって上接する語に違いがあるので、上接する語の相違が「ぬ」と「つ」との差異を決定しているわけではない。

†一音動詞「ぬ」からの転成

「ぬ」も「つ」も原則から見ると、もとは動詞だったはずで、「ぬ」あるいは「つ」といった一音動詞があってよかろう。「い(接頭語)+ぬ」と考えると、「ぬ」という一音動詞があった。「い(接頭語)+ぬ」は「往ぬ」となって定着する。教室で「往ぬ」が「ぬ」になったと教えるのは逆で、「ぬ」という一語がさきにあった。

でも「往ぬ」を使って「ぬ」のなかみを推測することはよい(「い」は接頭語なのだから)。「過ぎ去る、経過する、いなくなる」、あるいは〝死ぬ〟などの意味が「往ぬ」にはありそうだ。「ぬ」という助動辞は、「往ぬ」との関連をつよく見るならば、終わろうとする、終わってしまうという切羽詰まった感触がもとにあり、そのような感触が前に出てきて、助動辞らしさとして成立した、と知られる。事態が推移して終末が予測される状態で、終わっていないという点では未完了だが、完了状態はもう頭中にやって来ている。

「ぬ」の活用——

基本形	未然形	連用形	終止形	連体形	已然形	命令形
ぬ	な	に	ぬ	ぬる	ぬれ	ね

「ぬ」は中世から近世にかけて、「り」とともに消滅する。消滅するとは、「ぬ」じたいならば、語としての生き生きした生命が途切れるということでもある。「ぬ」を正確には復元できなくなったわれわれは古文の学習を繰り返してそれに近づく。

4 「つ」〈いましがた起きた〉

†「ほのぐ見つる」「楊貴妃のためしも引き出でつべく」

いましがた起きたこと、ついさっきやってしまい、緊迫感が薄れていない、凝縮して現在を覆ってくる時間は「つ」の出番だ。

すんでのところで間に合ったり、すべりこみセーフだったり。

けさがた、ようやく咲かせた朝顔の大輪は、まだ元気。けさから始まった事件も「つ」の守備範囲だろう。きのうのことについては「き」が用意される。

さきほど、そこのかどで強盗のホールドアップに遭って、どきどきしたままで、まだ交番に駆け込んでいないとか。さまざまなシチュエーションなのに、「つ」しかない。さまざまなシチュエーションをこの助動辞はたった一つで引き受ける。

寄りてこそ―それか―とも見め。たそかれに、ほの〴〵見〈つる〉花の夕顔

（「夕顔」巻、一―一〇四）

近寄ってそれこそ、「その男か」とでもご覧あれ。たそがれに、ついさっきあなたが見たばかりの、夕陽に映える花のかんばせを

あり〈つる〉御随身して遣はす。〔いましがた夕顔の花を折り取った随身に持ってゆかせる。〕（同）

「つ」を完了と説明するのは、そう（＝完了と）名づけたまでのことであり、欧米語のperfectに類推できるか、即断できないように思われる。

やう〳〵天の下にもあぢきなう、人のもてなやみ種になりて、楊貴妃のためしも引き出で〈つ〉べくなりゆくに、〔ようやく国土ぜんたいにも、（これは）よくないことと、人さまの扱いかねる材料になって、楊貴妃の例も（きっと）引き出してしまいかねないまでに、（事態がどんどん）進むと、〕

（「桐壺」巻、一―四）

みぎの事例は、起きたとしても仕方のない状態を「べし」とともに支えている。ためらい、懼れ、未練、決心など、複雑な心理に伴われる。「楊貴妃のためしも引き出で〈つ〉べくなりゆくに、……」と、「つ」の持つ緊迫感を利用して、いまの進行がさらなる状態を引き起こしてしまいそうだ。

「けふ始むべき祈りども、さるべき人々うけたまはれる、こよひより。」と聞こえ急がせば、わりなく思ほしながらまかでさせたまう〈つ〉。（「本日、始めなければならない祈禱のかずかずを、しかるべき筋の人々が請け負いまして、今夜から。」と申し急がせると、どうにもならず思いあそばしながら退出させてしまわれる。）

（同、一―八）

更衣をついに退出させてしまう、あくまで物語内現在での逡巡であって、過去のことと受け取ってはならない。「〜てしまう」は「ぬ」についても利用する口訳の言い回しなので、そのために「ぬ」とまぎれるのは残念だ。

活用――

基本形	未然形	連用形	終止形	連体形	已然形	命令形
つ	て	て	つ	つる	つれ	て／てよ

連用形の「て」は現代になお生きており、「つ」を心意のうちに復元したいわれわれとして、

心づよいよすがとなる。

†「ししこらかしつる時は」

時制から切り離されるから、予想される〝これから〟についても、「いましがた起きた」という事態は仮定として言える。

ししこらかし〈つる〉時はうたて侍るを、とくこそ心みさせたまはめ。〔こじらせてしまう場合は重症かもしれません、早めに呪法をお試しなさりませ。〕（「若紫」巻、一―一五二）

のような、まだ病気をこじらせてない段階での心配をあらわしうる。「つ」は「ぬ」とともに時制にあずからない、時制から解放された助動辞だと強調してよい。

†一音動詞「つ」からの転成

「つ」のもともとは「ぬ」とともに一音動詞だったろう。とは、複合動詞を成立の前提に考えようということにほかならない。模式的に言うと、

〜(動詞)プラスぬ(動詞)

〜(動詞)プラスつ(動詞)

という複合動詞を想定して、ついで「つ、ぬ」が自立性を喪って助動辞になると見る。「つ」

はしかし、「ぬ」が「往ぬ」から類推できるのに対して、類推できる古語や現代語を持ち合わせない。「棄《う》つ」とかかわりあるかと教室で説明されることはあるが、証拠がない。

一音動詞「つ」の意味は、推測でしかないが、〈通す、逃げる、やめる、し終える〉という辺りではなかったかと想像する。そのような動詞の意味がぬきさられ、独立性をうしなって、何かが起きた状態について言う機能語に転成する。

動詞が助動辞に化転する経過は、いわゆる敬語の補助動詞（「たまふ」四段〈尊敬〉、「たまふ」下二段〈謙譲〉、きこゆ、たてまつる、はべり……など）が動詞から、他の動詞に下接することによって、みずからの自立性を喪い、敬語のそれへと化してゆくさまとよく似る。補助動詞がさらに助動辞と化すと考えてもよい。

5 「たり」から「た」へ

†「たり」（〜てある）に「つ」が内在する

「たり」（「存続たり」と言っておこう）もまた、「つ」に似て、起きたことの結果がいまにつづく。「やってきました」（だからここにいます）、「すごい爆発が起きた」（いま、惨事のさなか）、「もうたべた?」(うん、お腹がいっぱい)、「とんだ粗相をいたしました」(どういたしまして)と、起きたことの結果を引き受ける。結果を引き受けるというところが「つ」とすこし違う。口語訳で「〜た」と訳すと時制(過去)の「た」とおなじになってしまうし、「〜ている」と訳すのは「たり」とややずれる感じがする。

人の御心を尽くし給ふもげにことわりと見え〈たり〉。(だれかさん(弘徽殿女御など)の心内を消耗させなさるというのも、なるほど尤もなことと見られてある。)(「桐壺」巻、一—六)

と、「てある」にするか、

ことにふれて数知らず苦しきことのみまされば、いといたう思ひわび〈たる〉を、(何かのたびに際限なく苦しいことばかりが増えるから、えらくたいそうつらく思っておるのを、)(同)

と、「〜ておると」にするか。要するに現代語で「〜ている」というと、一定のニュアンスができあがっている言い回しであるために、それを避けようとして「てある」「ておる」などを動員するわれわれだ。「ておる」だと尊大なので「ております」と苦し紛れに丁寧にするというのもまた不自然だ。

「つ」に似るのは、その通り「つ」とアリ ari との結合だからで、厳密に言えば、「つ」tu の原型である音 t が含まれていると見ぬきたい(t プラスアリ ari =「たり(tari)」)。〈たこ足〉図の左下へ伸びる足にほかならない。

tu（つ）―「たり」―アリ ari

tu（トゥというような音）のなかの要素 t とアリ ari との結合で、言いたいこととしては「たり」のなかに助動辞「つ」がはいっている、というのが要点となる。

活用――

基本形	未然形	連用形	終止形	連体形	已然形	命令形
たり	たら	たり	たり	たる	たれ	たれ

・「たり」は「て」プラス ari（あり）か

参考書類では普通、「たり」を〈「て」プラス「あり」〉と説明する。「て」は、「つ」の連用形だから、「つ」であるとともに、早くから使い古されて接続助辞「て」としての固定的な用法が発達する。つまり、接続助辞「て」としてもりっぱに成立する。「たり」が〈「て」と「あり」との結合〉だと参考書を書いたひとは、その「て」を接続助辞のそれと認定しているのか、それとも助動辞「つ」の連用形と見ているのか、曖昧な感じがする。

†「たり」（存続）と「り」（現存）

古文に親しむことによって、「たり」と「り」とは違うという感触にたしかに見舞われる。違うはずなのだが、「り」は現代に滅んでいる。そのために、その違いは感じられながら、古文の理解で「たり」と「り」とが、プロの国語教育関係者にあっても、ほとんど同一視されてしまっている現状だろう。参考書のたぐい、教科書での説明、教室での指導、すべて「たり」＝「り」ないし「たり」≒「り」で済ますことになる。よいのだろうか。

現代に滅んでいるのだから、仕方がないと言え、「り」が中世以後に消えるとは、「たり」（そして「た」）との境界がうしなわれ、そのために「たり」一つになり、その「たり」は（タッを経て）「た」になった、という成立史のなかで、何だかわれわれがもの凄く鈍感になってきたということでもある。「り」が消えて「たり」だけになったことは、「ぬ」が消えて「つ」一つになってきた現象と、まったく揆を一にすると見通したい。

「たり」と「り」とは違うはずだ、という素朴な原点にもどりたい。「り」はアリ ari そのもので、それと、「つ」がはいってくる「たり」とは、大きく違うはずではないか。「り」は述べてきたように、アリ ari のア a が消えて生まれた助動辞にほかならない。「たり」と「り」とは「つ」の有／無ということと以外ではない。もう一度書くと——

たり　tu（つ）プラス ari　→t（u）-ari　→tari（たり）

り　ari　→（a）ri　→ri（り）

tu はトゥというような音。t はかなで書きようがなくて、ツ゚というように書かれることがある。現代語でツと書くと普通には tsu に当たる。ややこしい。

†「たり」が時制に近づくとは

「たり」をめぐる困難は、「た」をへて時制的な過去を獲得する、という謎についてだろう。「つ」のなかの完了要素が、アリに伴われて存続になったとき、滅びつつある古めかしい「き」(過去)の代替物を探していた中世びとは、「たり」が詰まってできてきた「た」に飛びついた。何だか餌食になったという感がある。

たしかに存続という、時制とかかわらないはずの「たり」が、タル、タッ、タを経過するうちに、過去という時制をどんどん獲得してゆく。現代語の「た」はまさに過去をあらわす叙述上の指標となっているからだ。十二世紀前半(というから平安時代後半)には過去をあらわすらしい「た」を見る。永成法師の連歌――

あづまうどのこゑこそ―きた(北、来た)にきこゆなれ

(『金葉集』十、連歌、六四八歌)

東人《あずまびと》の声はそれこそ北、「来た」に聞こえるようだよ

京都のひとにはめずらしいので、東国語のなかの「来た」を懸け詞仕立てにして取りあげたうただ。意味は文字通り「来た!」だろう。

口語歌謡には、

いま結《ゆ》た髪が　はらりと解けた　いかさま心も　誰《た》そに解けた
(『閑吟集』、十六世紀前半)

あまり見たさに　そと隠れて走《はし》てきた　……　（同）

というような「た」がある。抄物（講義録、ノートのたぐい）、狂言などの口語資料には多量の「た」をみることができる。「此詩ノ心モ底心アリト見エタ」（『中華若木詩抄』）、「おほせられた。……かしこまった。……のべた」（「なきあま」、虎清狂言本）、「武士となられてのち、殿上の仙籍をば許させられなんだ」（天草本『平家物語』、一五九二）と、枚挙にいとまもない。「許させられなんだ」は「許させられなかった」。

ロドリゲス『日本語小文典』（岩波文庫）に、「curabeta（比べた）、motomenanda（求めなんだ）」などがあり、タは過去時制をあらわすと言う。

†完了と過去との親近

過去をあらわすらしい「た」が、みぎに『金葉集』の事例で見たように、十二世紀前半に見いだされる、しかもその時点で東国語だった。二通りの考え方をここで立ててみよう。一つは、基層日本語が鉱脈の露頭となってあらわれた、つまり「き」と別に、過去をあらわす「た」があった。

時来ぬと、古里さしてかへる雁。こぞ—来たみちへまた向かふなり　（『為忠集』）
時が来てしまう、と古里をさして帰る雁よ。

去年来た、北の道へとまた向かうのだろう

時代がさがる事例かもしれないが、「た」が「こそ（去年）」とともに使われているのだから、たしかに過去を意味する、と言える。

もう一つの考えでは、談話のなかで、多くの言語で起きる現象として、完了は本来、過去などの時制と無関係であるにもかかわらず、実際のところ、完了と過去とが混然としてしまうということを、事実として認めてしまう、というやや現象的な意見がある。「た」の説明として、松下大三郎に、

文法上、「完了」といふのは事件の真の終了をいふのではない。仮に「我」をその事件の完了後へ置いて考へ、その事件の完了を表すのである。

（『（増補校訂）標準日本口語法』、勉誠社）

というのがあって、これによれば容易に過去と完了とがかさなる。事件は想像のなかで以前の時間に起きたことになるのだから。話者が現在に立つ限りにおいて、行為遂行は過去へとどんどん送りこまれてゆくことになる。つまり、タッをへてタになりながら、完了と過去との混態が起きるという、まさにアクロバットが生じたという次第だが、このことは「き、ぬ」や「つ」が消滅するとしないとにかかわりなく生じる現象だったろう。「き、ぬ」や「つ」の消滅は「た」の過去性の獲得に大いに拍車をかけたとしても。

それでも、「た」が過去を獲得してゆくプロセスは「き」や「けり」が口語から消滅することと表裏だったに違いない。過去が「た」を広く覆うようになっても、もとの文語段階での「完了」(という名の未完了)はしっかり生き延びている。

†口語における「た」文体

「たり」が現代語に「た」となり、「過去」をも「完了」をも引き受けるようになる。「過去」というのも名づけであり、「完了」と言ってもやはり名づけただけのことで、「き」や「けり」や「つ」を十分になかに含ませた「たり」が口語の歴史上に誕生する。

かくて叙事文学では、それまで物語と言えば非過去の語りだったのに、口語で「〜た、〜なんだ」とつづけられる文体を見るようになる。

しかるを忠盛に鳥羽の院と申す帝王、得長寿院と申す寺を建て、三十三間の堂を造って、一千一体の仏をするゑよ、その御返報にはどこなりともあかうずる国をくだされうずるとおほせられた。(天草本『平家物語』)

叙述における過去時制と見てよかろう。「〜た」文末を見せる、講義本(抄物のたぐいや『源氏物語』の講義など)、咄本(『きのふはけふの物語』『鹿の巻筆』など)、軍談(『雑兵物語』『おあむ物語』など)、道話(『松翁道話』など)、随筆(上田秋成『胆大小心録』など)といった、上方から江戸にまで、かず多くそれらの事例はある。会話文はむろんのこととして、会話を除く語りの地に「……た」は頻繁にあらわれる。講義本、咄本、軍談、随筆そのものが、会話文からなる全体だ、ということでもあろう。

すこし纏めるならば、東国語の談話世界で早く起きたこと（完了の過去との混乱）が、キヤケリをうしなってゆく中世口語において、タリがタル（やタッ）をへてタが成立するさなかにも起き、キリシタン文献を纏めた観察者たちの頭のなかでも、当然のようにして起きた。花ひらく談話の世界が写本文化や出版機構と出会ったとき、タを擁する文献が多量にもたらされた。そして京阪語や江戸言葉から言文一致の時代へという過程にあって、「た」文体が意図的に選び取られていった。

現代の文庫本のたぐいに見られる、小説といえば「～た、～た、～た」を優勢とする文体の時代がかくてやってくる。現代詩にも「～た、～た」が浸食するに至る。欧米文学の影響ということもあるにせよ、そして自覚的な文体ならばよいことだとしても、日本古典語には〈き、けり、ぬ、つ、たり、り、けむ〉という、時間に関する助動辞が複雑に存在し、それらで多様な様相をこまやかに表現しようとしてきたのだから、それを「た」か「～たろう」かで押し切るようになってしまった近代、現代語を、便利になったとよろこぶべきか、貧しくなったと嘆くべきか。

論じるべき場所をなくしたが、日本古典語「けり」は諸言語に求めてゆくと、ほぼフランス語文法での半過去imparfait（アンパルフェ、未完了過去）に相当する。諸言語にはそのようにして未完了過去のたぐいの表現が用意されているのに対し、日本近代語では「た」や「〜たろう」のなかに埋もれていったということになろう。現代の哲学者が〝時間〟について論じるのに、「た」か「〜たろう」かしかなくて十分に論じつくせるか、いくぶんかなりとも〈き、けり、ぬ、つ、たり、り、けむ〉の区別を回復させる必要があるのではないかとふと思われる。無理な算段だろうか。

6 「ふ」〔継続〕

「ふ」（〜つづける）のよく知られる事例としては、額田王の、

三輪山を然《しか》も隠すか。雲だにも―情《ココロ》有らなも。かくさ〈ふ〉べし哉《や》（『万葉集』一、一八歌）

三輪山をそんなにも隠すのか。せめて雲だけでも、
情け心があってほしい。ずっと隠しつづけてよいのかしら

がある。広がりとしては、〈継続、反復、相互に〜する〉あるいは複数をあらわすこともあるかもしれない。

活用は、

基本形　未然形　連用形　終止形　連体形　已然形　命令形
ふ　は　ひ　ふ　ふ　へ　へ

から成る。序章で述べたように（二八ページ）、固溶化が進んで、「呼ばふ」「わたらふ」などのように一語になる。『岩波古語辞典』では「ひ」として立項し、接尾語扱いとする。「うつろふ、もとほろふ」などの言い方もある。

第三章　伝聞、形容、様態、願望、否定

1　「伝聞なり」と〝見た目〟の「めり」

†〝鳴る〟と〝見る〟

第一章（三六ページ）に掲げた〈たこ足〉図をここにもう一度、掲げることにしよう（次ページ、図7）。左端と左上とに伸びる二本に注目する。

ここまで、ぐるりと、第一章において「り」、および肯定の「なり」、おなじく肯定の「たり」、「ざり」、カリ活用の「かり」を扱い、第二章において「けり」、存続（完了）の「たり」を扱ってきた。時計回りにぐるっと廻ったのはそのように配置したからで、他意はない。のこる二つが伝聞の「なり」と、「〜みたい」をあらわす「めり」とで、本章はまずこの二つからはいり込むことにする。どちらも現代文からは消えて、古文のみに生き生きと生きている。現代文から消えたために、われわれの感覚で復元しにくい助動辞であるからには、成り立

ちを探ることでその生きていた在り方に近づくことになる。

図7

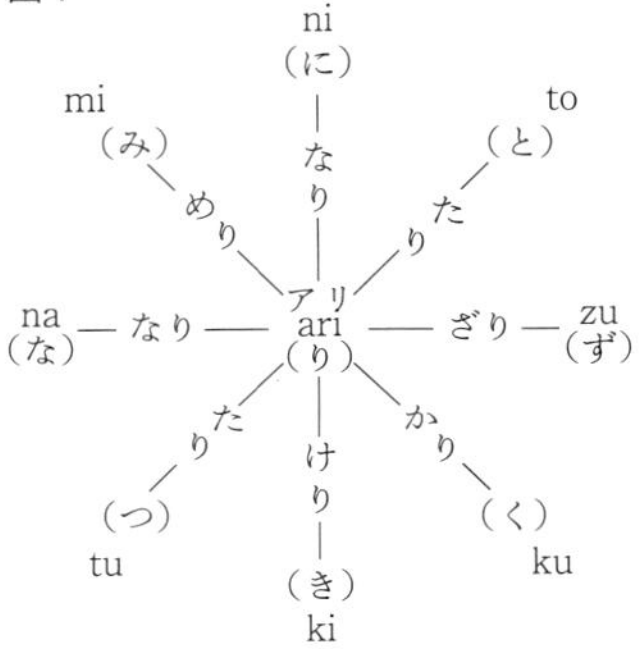

na（な）—「なり」—アリ ari　～が聞こえる

と、

mi（み）—「めり」—アリ ari　～みたい

という、この二つはペアで考察できる。

前者は「な」na にアリ ari がついて「なり」（伝聞なり）になった。

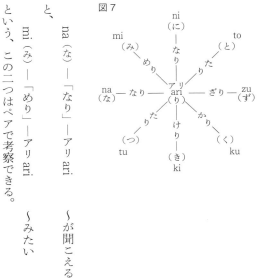

na プラス ari →na-ari →nari

「な」は〈鳴《な》る、鳴《な》く、泣《な》く〉などの〈鳴《な》、泣《な》〉に違いない。〈音《ね》、哭《ね》〉の音韻交替でもあり(ne →na)、〈名《な》〉(名まえ、評判)もそれらとおなじかと思われる。

後者は〈「み(見)」mi―アリ ari〉ではないか。

mi プラス ari →mi-ari →meri (i-a →e)

「み」は〈見る〉の連用形で、それにアリ ari が付いて「めり」になった。「めり」を〈目―アリ〉と考えて、そのように論じたこともあるけれども(藤井『文法的詩学』)、音韻融合〈mi-ari →meri〉という説明の仕方で考え直してみる。学校などで教える〈見え(= miye)あり〉説には、ye(いぇ)が消えると説明しなければならないステップがあるので、保留する。

†「伝聞なり」〔〝耳〟の助動辞〕

伝聞の「なり」を「伝聞なり」と俗称して、「肯定なり」(四〇ページ)と区別しようと思う。「伝聞なり」は活用語の終止形に下接する(「終止なり」とも言われる)。「あり」などラ変動詞およびラ変型の助動辞に下接する事例を見ると、終止形下接で、

葦原中国は〔者〕、いたくさやぎてあり〈なり〉。〔葦原中国ははなはだざわざわ騒音状態であるの

が聞こえる。〕

伊知比尓恵比天美奈不之天阿利〈奈利〉（いちひにゑひてみなふしてありなり）。　（『古事記』中、神武）

（万葉仮名文書、『書道全集』九）

聞喧擾之響焉〔……左揶霓利〈奈離〉（さやげりなり）〕。〔～騒音状態であるのが聞こえる。〕

（『日本書紀』三、神武）

と、「ありなり」「さやげりなり」を見る。

うれたくモ—なく〈なる〉トりか　（『古事記』上、二歌謡）

　無情にも鳴くねが聞こえる鳥か

ホトトギす、なきてこゆ〈なり〉　（『万葉集』二十、四三〇五歌）

　ほととぎすよ、鳴いてわたり越えるのが聞こえる

梶ノ音ソ—髣髴《ホノか》（に）為《す》〈鳴る〉。　（同、七、一一五二歌）

　梶の音がほのかにするのが聞こえる

と、鳥の鳴く声や舟を漕ぐ音がする。著名な『土佐日記』の事例、

男もす〈なる〉日記といふものを、〔男もするとか聞く日記といふものを、〕　（『土佐日記』、発端）

は聞き伝えとして知っていること。活用は、

基本形　未然形　連用形　終止形　連体形　已然形　命令形

なり　―　なり　なり　なる　なれ　―

とされる。

†『源氏物語』から

弘徽殿には、久しく上の御局《つぼね》にも参《ま》うのぼりたまはず、月のおもしろきに、夜ふくるまで遊びをぞし給ふ〈なる〉、いとすさまじう物しと聞こしめす。〔……女御殿におかれては、長らく上の御局にも参上しなさらず、月がみごとな夜に、遅くなるまで音楽に興じておられる、（その）音《ね》が聞こえ、（帝は）しらけ切って不快だと聞きあそばす。〕（「桐壺」巻、一―一七）

管絃の音が耳にとどくと不機嫌な帝だ。

光源氏、名のみこと〳〵しう、言ひ消たれたまふ咎《とが》多か〈なる〉に、〔光源氏が、名ばかり仰山で、非難されなさる欠点は多いとか聞くのに、〕（「帚木」巻、一―三二）

光源氏の行状について、とかくよくないうわさを聞く。

声や音は暗闇のなかで真価を発揮する。

「中将の君はいづくにぞ。人げとほき心地して、ものおそろし。」と言ふ〈なれ〉ば、長押《なげし》の下《しも》に人々臥していらへす〈なり〉。〔「中将の君（侍女）はどこにいるの。だれもいない感じがして、何かこわい。」と言う声が聞こえると、長押の下に侍女たちが臥してなま返辞すると聞こえる。〕

空蟬女君の「……ものおそろし」と言う声が近い居室にいる光源氏に聞こえ、侍女たちのいらえもまた耳にはいってくるという場面は、暗闇のなかで特に聞かれる。
（同、一―六六）

†「ななり、あなり」

平安散文でお馴染みの、

あなり、ななり、多かなり、おはしたなり、べかなり

などと表記される「なり」は、

あンなり、なンなり、多かンなり、おはしたンなり、べかンなり

の「ン」（撥音）の無表記だと説明されてきた。これらの「なり」はすべて「伝聞なり」で、しかも「あなり、ななり、……」と表記されるにあたっては理由がありそうだ。

すべてにぎはゝしきに寄るべきなむ〈なり〉、（何でも勢力のあるほうに近寄るのがよいとか、）
（「帚木」巻、一―三七）

と、「なむ（＝ん）なり」もある。「ななり」とあってもよい表記がナンナリ＝「なむなり」とあって、促音「ッ」を「ん」と表記したか、あるいは撥音だったか。普通ならば「ん」字は書かれず「ななり」となるのでよい（明融本「ななり」）。

新大系に、「なんでも豊かに揃っている所（受領家）に近づくのがよいという話のようだ」とある。話を聞いてそのように判断される、という光源氏のまぜっかえしだ。現代語でも、判断することを「〜のように聞こえる」と言うことがある。

これらの書き方は「なり」がラ変型活用語の終止形下接であったからではなかろうか。つまり、原型は、

ありなり、なりなり、多かりなり、おはしたりなり、べかりなり

だったのではないか。終止形下接「ありなり」の語例があることはみぎに『古事記』に見た通りだ。それに類推させる。

学校だと、推測に推測をかさねて、しかも終止形下接という鉄則をまげる教え方をする。ラ変型の活用語の場合に連体形に下接するとは、証拠の薄い説明である上に、それが促音または撥音になるというのも推測で、さらにそれが無表記になるという推測をかさねる。三つの推測をかさねてまで「あるなり、なるなり、……」にしなければならない必要はあるのだろうか。「あるなり、なるなり、……」ならば、すなおに「肯定なり」と認めれば済むことではなかろうか。

†「はべりなり」と「侍るなり」

「はべりなり」は「はべッなり」「はベンなり」そして「はべなり」となろう。「〜である」(肯定)の「なり」ならば「はべるなり」「侍るなり」と書かれてかまわない。したがって、表記上、「伝聞なり」は「侍なり」となり、「なり(=である)」(肯定なり)が「侍るなり」となると、書き分けられていると推測できる。われわれに分からないだけで、かれら平安時代人にとり、「伝聞なり」と「肯定なり」とは音便《おんびん》のあるなしによって、発音がぜんぜん違う別の語だったろう。というより、別の語だったから自然に書き分けたので、後世からは乱れやすい、誤記されやすい事例だとしても、今後の『源氏物語』などの研究上、無視しえない指標となろう。

いとかやうなる際は際とこそはべ〈なれ〉。〔まことにかような身分は(おなじ)身分と何するようでございます。〕(「帚木」巻、一―六八)

とあるかな書き例は「伝聞なり」であることがよくわかる。

これなんなにがし僧都の二年《ふたとせ》隠り侍る方に侍る〈なる〉。〔これぞ何某僧都が二年籠りおりまする方でござるです。〕(「若紫」巻、一―一五三)

の「侍るなる」は、「なる」が連体形「侍る」に付いている。ここは供なる人(のちに「よしきよ」と名のる播磨守の子」のセリフで、断定的な言い方と受け取ってよいのではなかろうか。すぐあとに「……住むなるところにこそあなれ」とあるのは「住むなる」「あなれ」ともに伝聞であり、聞いての光源氏の判断としてある。

つづく供人の、「(明石の君は)かたち、心ばせなど侍る〈なり〉」や「(明石入道が明石の君に)「海に入りね」と常に遺言し置きて侍る〈なる〉」(同、一—一五五)は、伝聞で知るだろう内容だから「侍なる」とあってほしいのにと、困る例だろうか。

ここも「よしきよ」としてぜひ断定的に語りたい箇所ではないかと思え、そういう会話のリアリズムではなかろうか。推測を確信的に語ることは現代にも多い。代々の国司どもが「さる心ばへ見す〈なれ〉ど」(同)というのは、伝聞の「なり」の已然形でよく、明石の君や入道については断定的に語る。僧都が光源氏に訊かれて「うちつけなる御夢語りにぞ侍る〈なる〉」(同、一—一六一〜二)とうち笑う「なり」も「である」(肯定)でよい。

原文(写本)が「侍なり」というように書かれている場合、その「侍」字を「はべ」と訓むか、「はべり」と訓むかは、物語を読むうえで看過できない。とは、テクスト作りの上で「侍」字の訓みを決定できない場合があるということだ。世に「侍なり」の「侍」字を「はべる」にひらいているテクストを見るのは、伝聞をすべて肯定に変えて読んでいることになり、残念というほかない。

†「めり」（〜みたい）〔見た目〕

ａ　我、あさごと夕ごとに見る竹の中におはするにて、知りぬ。子となり給ふべき人な〈めり〉。〔わたしがあさごと夕ごとに見る竹の中にあらっしゃるによって、（いよいよ）分かってきたぞ。子とおなりになるに違いない人だと見える。〕

（『竹取物語』、かぐや姫の生い立ち）

ｂ　かぐや姫の、例も月をあはれがり給へども、この頃となりては、たゞごとにも侍らざ〈めり〉。〔かぐや姫が、いつも月をめでいとおしみなされども、この頃となっては尋常でもござらぬ見た目じゃ。〕

（同、かぐや姫の昇天）

ａに見ると、わが子とおなりになるはずの人だと判断するのは、そのように見える、という前提があろう。ｂも見た目に普通とは言えないようすだとある。「めり」はしばしば推定の助動辞だと（ときに婉曲だと）言われるものの、見ての判断であり、現代語で言えば「〜みたい」に相当する。

知りにけむ。聞きても—いとへ。よのなかは—波のさわぎに、風ぞ—しく〈める〉

（『古今集』十八、雑下、九四六歌）

わかってしまったでしょ。（まだわからぬなら、うわさに）聞いてでも、

お嫌いあれ。世の中（—男女の仲）というもんは、波が荒立つ上に、

風が吹きつのるみたようじゃありませんかね

波がさわぐ、風が吹きしきる、ということは、そのようだという比喩に違いないとしても、目に見えるような感じを「めり」であらわした、と受け取るのがよかろう。

活用は、

基本形	未然形	連用形	終止形	連体形	已然形	命令形
めり	―	めり	めり	める	めれ	―

と認定する。「めり」には「めりき、めりつ」のような「き、つ」が下接する用法もある。使い回されては単なる「推定」になることを免れないにせよ、現代語に「〜みたい、〜みたようだ」というのに相当する。

†「めり」の『万葉集』の例

上代語に、たった一例で、不確実なきらいはあるものの、『万葉集』に東歌の「めり」を見る。

をくさをトをぐさずけをト、しほふねノ、ならへてみれば、をぐさかち〈めり〉

（『万葉集』十四、三四五〇歌）

おくさ男とおぐさずけ男とを、潮舟のように、

並べてみると、おぐさがまさるみたいだ

「かちめり」は原文の万葉がなが「可知馬利」（「知」字は類聚古集・元暦校本による）で、「勝ちめり」かと考えられる。kati-mi-ari（かちみあり）から kati-meri（かちめり）が生じたとすることは自然で、前項に「みあり」から「めり」が生まれたと見たことにも合致する。万葉がな「馬」字を「め」と訓む場合、上代音の甲類と推定される。

難点としては「馬」字がこれ一例しかなく（「ま」と訓めるかもしれない）、上接の動詞「かち」も諸本によっては「可和」とある。「かち」でよいとしても、それだと連用形だから、平安時代の「めり」が動詞の終止形に下接することと相違する。

「めり」はできたての助動辞で、しだいに安定してきたと考えて、連用形下接（『万葉集』）から終止形下接（平安時代）へ、という経過を想定したい。ごく古く〈勝ち〉という終止形を考える考え方にしろ、理屈としてならばありうる。

†「なめり、べかめり、あめり」

「伝聞なり」とおなじ問題がある。表記に「あめり、なめり、べかめり、なかめり、多かめり、わろかめり」などと、おもに平安時代のテクストで書かれる。〈あンめり、なンめり、べかンめり〉などの「ン」の無表記だと言われるのは、なるほど「さうざうしかむめれ」（「帚木」巻、一―一六三）という例にそれを遺しているかもしれない。促音「ッ」を「む」と表記することは考えられるので、ほんとうに〈あンめり、なンめり……〉だったかは分からない。

「あめり、なめり……」は、平安時代文献ながら、もとが「ありめり、なりめり、べかりめり、なかりめり……」と、終止形下接であったなごりを記しとどめているのではなかろうか。新大系で、

宿世の引く方侍《はべ》〈めれ〉ば、をのこしもなん子細なきものは侍《はべ》〈める〉。（宿世の引く方向がござるようだから、おのこというのはとりたてることのないものでござるようだ。）（「帚木」巻、一―五七）

の二例の原文「侍」を「はべ」と訓む理由は、「はべりめり」から「はべッめり」（さらに「はべンめり」に変化したかもしれない）になって、「ッ」（あるいは「ン」）の無表記を推定した結果としてである。

あさましく、「人たがへにこそ侍《はべ》めれ。」と言ふも……（同、一―六七）

いとくちをしうはあらぬ若人どもなん侍《はべ》める。（「夕顔」巻、一―一〇七）

それなん又え生くまじく侍《はべ》める。（同、一―一三一）

宮に渡したてまつらむと侍《はべ》めるを、（「若紫」巻、一―一八三）

も、同様の措置をほどこして「はべ」と訓ませることになる。

疑問例もあって、「……なむ齢《よはひ》の末に思ひ給へ歎き侍るめる」（同、一―一六三）はそれで、

「侍める」とありたいし、「曇りがちに侍るめり」(「末摘花」巻、一―二〇七)も「侍めり」とあってほしい箇所で、明融本にはたしかに「侍めり」とある。「はべめり」とあってほしいのに、「はべるめる」(「松風」巻、二―一九二)というかな書き例もある。誤解がさらにかな書きになるという困った事例があることはある、と認めなければならない。

2 形容、様態

†形容辞「し」の位置

形容辞「し」が従来、認められてきたかどうか分からないが、前-助動辞アシ asi を前提として、形容詞「かろし」「長々し」「多し」などを成立させる「し」であり、種々の助動辞(「らし」「べし」など)を生じ、否定の「じ」を産むなどの力があるから、ここでは形容辞なるものを積極的に位置づけることをしたい。

アシ asi はアリとともに基層的な〝語〟であったろう。ク活用の形容詞や、「ごとし」(=「こと」し)の語尾については、「し」が成立してあと使い回されたとすれば、接続上、けっして不自然な関係と言えない。

使い回されて「し」si を成立させると、アシ asi あるいは「し」si が、形容詞シク活用およびク活用の終止形や、「あらし、ならし、たらし、けらし」などを構成する。あとに見る「らし」rasi は「あらし、ならし、たらし、けらし、……」などが使い回されてから、「らし」だけになって独立したろう、という私の腹案となる。

†「じ」（〜ではない）〔「し」の否定〕

「し」si は形容、状態をあらわし、「す」su（サ変動詞）は動作、働き、そして状態をあらわす。アニ ani は否定だから、前者の否定が、

(a) ni-si →n-si →ji 「じ」

であり、後者の否定が、

(a) ni-su →n-su →zu 「ず」

となる。

かつて、「じ」は「む」の否定、つまり否定推量（ないし否定意志）などと説明されてきたかもしれない。「む」の要件たる m 音の内在が「じ」ji には感じられないから、「じ」と「む」とは無関係だろう。

活用は、

基本形	未然形	連用形	終止形	連体形	已然形	命令形
じ	―	―	じ	じ	じ	―

と、見た目に寂しい。

無品《むほん》の親王の外戚《げさく》の寄せなきにてはただよはさ〈じ〉、〔無品親王の外戚の後援がない状態では不安定にさせない、〕（「桐壺」巻、一―二一）

いで、あなうたてや。ゆゝしうも侍るかな。聞こえさせ知らせ給ふとも、さらに何のしるしも侍ら〈じ〉ものを。〔いやもう、ああ無体な。いまわしくもござるかな。申し上げお教えしたてまつるとも、何の効果もござらぬ感じであろうに。〕（「若紫」巻、一―一八五）

前者は帝の意志であり、後者は幼い紫上について心配する乳母のセリフ。
未然形に下接する理由は an- の a がのこるからに相違ない。

†「ごとし」（〜のごとくだ）

「ごとし」の「ごと」は、議論があるようながら、「こと」（事、コト）から来たと認めるので無理がない。名詞に「し」がくっつき、自立性をうしなって助動辞と化してゆく。

基本形	未然形	連用形	終止形	連体形	已然形	命令形
ごとし	ごとけ	ごとく	ごとし	ごとき	―	―

と活用する、形容辞系の助動辞としてある。「ごとけ」は漢文訓読語に見つかる。「が─ごと、が─ごとく、の─ごと、の─ごとし」など、名詞「こと」の性格をものこす。その場合は厳密に助動辞と見なくてもよい。

ゆくみづノ、かへらぬ〈ゴトく〉、ふくかぜノ、みえぬが〈ゴトく〉

（『万葉集』十五、三六二五歌）

行く水が、帰らないごとく、吹く風が、見えないように

「〈みえぬ「が」─ゴト〉く」と「が」を介して「ゴト」へつながる。「〈かへらぬ─ゴト〉く」と書けば、「コト」（＝「ゴト」）の吸着語的性格が分かりやすい。

勝間田ノ池は─我知る。蓮《はちす》無し。然言ふ君が、鬚《ひげ》無き〈如し〉　（『万葉集』十六、三八三五歌）

勝間田の池は、わたし、知ってる。蓮が無い。

そういうあなたの鬚が無いごとくに

三八三五歌は「〈鬚無き如〉し」で、「鬚無き」と連体形であるのは「如」（ごと＝「こと」）に名詞性がのこっているからだ。

「こと」には〈様態、わざ、さま〉をあらわすもとの意味があり、「ごとし」として助動辞化される（「こと」プラス形容辞の語尾〈si〉を付す）際に、その「意味」をすっかり忘れるわけではない。語中で濁音化されることもそんなに不自然と言えない。

†「やうなり」（〜のようだ）〔様態〕

「やう（様）」は名詞としても、吸着語（前文を連体形で受け止める語）としても、自立語の性格をうしなわない。「やう」じたいに推量性はなく、そとから看察する感じになることはあるかもしれない。「まゐりてはいとゞ心ぐるしう、心肝も尽くる〈やうに〉なん、……」（「桐壺」巻、一―一二）という事例を見ると、「やうに」は「やうなり」で、名詞プラス「なり」という自立語らしさが依然として濃厚だ。

とともに、時代が下って、「ようだ、ような、みたようだ」という助動辞が成立してくることを勘案すると、「なり」をともなう助動辞として成立せんとしていたと見よう。

おのづから御心移ろひて、こよなうおぼし慰む〈やうなる〉も、あはれなるわざなりけり。（同、一―二二）

〔自然とお心が移っていって、この上なくお思いになり慰む感じであるのも、しみじみ、道理であったことだ。〕

京にてこそ所得ぬ〈やうなり〉けれ、（「若紫」巻、一―一五五）

〔都でこそ不如意である感じだったけれど、〕

もおなじ事情だ。

3 「たし」(〜たい)の切望感

†〈甚《いた》し〉から「たし」へ

「いたし」(形容詞)と「たし」(願望の助動辞、現代語の「たい」になる)との関係も視野にある。「いたし」は「いたく、いたう(音便)」のかたちで頻出する。頭痛などを「痛し」とダイレクトに言うこともあるにせよ、基本的に精神的な甚だしさをあらわす。

かの国の前《さき》の守《かみ》、新発意《しぼち》の、むすめかしづきたる家、いと〈いたし〉かし。(あの国の元の守であるいま道心が、むすめを大切に養育している、その家はたいへんな羽振りですよな。)

(同、一―一五四)

は、明石入道家の豪勢なようすを語る。

「いたし」(形容詞)は他語に下接して、「こちたし、うれたし、めでたし、つめたし、ねぶたし、あきたし、らうたし」などを造語すると言われる。

言(事)・いたし　心《うら》・いたし　愛で・いたし

爪・いたし　眠《ねぶ》・いたし　飽き・いたし　労・いたし

と復元できる。「あきれいたし」（『浜松中納言物語』『夜の寝覚』）、「あまえいたし」（『蜻蛉日記』『狭衣物語』）、「埋もれいたし」（「賢木」巻）、「屈しいたし」（「若菜」上巻）などの「いたし」とまったくおなじ扱いでよい。

よくせずは、あき〈たき〉こともありなんや。（悪くすると、飽き飽きということもあってしまうのでは。」（「帚木」巻、一―五六）

の「あきたき」（あき・いたき）は、「ひどくいや気がさす」（新大系）の意。

これらの「いたし、たし」が、突然のように願望の助動辞「たし」となって、平安末期の俗語社会に出てくる。

おなじ遊び女《め》とならば、たれもみなあのやうでこそあり〈たけれ〉。（おなじ遊び女というならば、だれもみなあんな感じでがな、ありたいよ。」（『平家物語』一、「祇王」）

「いたし」から願望の「たし」が成立するまでに、やや距離を埋めなければならないかもしれない。現代語で言うと、ほしい何かがあるとして、「それ、痛いです」（痛くなるほどほしい）と言った言い方があったと見たい。願望という機能を俗語っぽく生き生きと言い表したいかれらが、「いたし」にそれを求めた。「いたし」のなかに直接、願望があるわけではない。現代語に「痛切に」「痛みいる」というような言い回しもある。いたく切望することを表現するために、「たし」が持ってこられた。「まほし」はもう古い。自立語が非自立語へと転身するときに、

「まほし」に取って代わる、新しい語がほしい。

基本形	未然形	連用形	終止形	連体形	已然形	命令形
たし	たく	たく	たし	たき	たけれ	―
	たから	たかり	―	たかる	―	―

・「こす」（〜してほしい）

うれたくモ―なくなるトりか。コノトりモ―うちやメ〈コセ〉ね　（『古事記』上、二歌謡）

……我（が）如く、恋為る道（に）、相〈与《コす》〉な。ゆメ　（『万葉集』十一、二三七五歌）

というような上代語や、「……秋風吹くと、雁に告げ〈こせ〉」（『伊勢物語』、四十五段）があるので、連用形下接の助動辞「こす」があったとみる。活用形は、

基本形	未然形	連用形	終止形	連体形	已然形	命令形
こす	こせ	―	こす	―	―	こそ／こせ

で、係助辞「こそ」と紛れることはあったかもしれない。

4　らしさの助動辞「らし」

†「らし」の成立

「らし」はｋｒｓｍ－四辺形（ｋｒｓｍ－立体）の左下辺に「り」と「し」（形容辞）とのあいだで働く。『万葉集』以下にときたま見る「あるらし」（十七、三九八四歌、二十、四四八八歌など）は、ほかに「なるらし、たるらし、けるらし」などの仲間もあるかもしれない。「あらし、ならし、たらし、けらし」が使われ切って、「らし」が切れて成立したあとから、「あり」にその「らし」が接合して、「あるらし」というように、ある種の〝誤用〟としてなったのではあるまいか（それも古いことだったろう）。一般に、新しい語形や語法は誤用から派生する。

「あらし、ならし、たらし、けらし」はもちろんのこととして、「らし」にもまた、もともと〈推測〉性（何かを推測する性格）はなかった、と言えるだろう。「あり、なり、たり、けり」の形容詞型が「あらし、ならし、たらし、けらし」である以上、それらおよび「らし」の本来、〝らしさ〟をあらわすこと以上ではなかったと思われる。

繰り返すと、「あり、なり、たり、けり、……」など、すべてアリ ari を内包する。アリ ari

の形容詞型活用が、ar (i) -asi というように「あらし」を成立させる。同様に、「ならし、たらし、けらし、……」は、nar (i-) asi tar (i-) asi ki-ar (i-) asi (→ker (i-) asi) ……というように、すべて asi と結合して成立する。すなわちアリ ari の形容詞型が「あらし」、「なり」の形容詞型が「ならし」、「たり」の形容詞型が「たらし」、「けり」の形容詞型が「けらし」といったふうで、ついに「らし」を出現させる。

†「らしさ」とは

「らし」は古典詩歌におもに出現し、物語の地の文などに見かけない。平安時代にはいり、一旦、うたを除いて使われなくなると言われる。ふしぎなことだ。『源氏物語』にはうたの三例をみるのみ。

じつは現代語に、二種の「らしい」がある。現代語の辞典だと、〈被害者は小学生らしい〉と言えば〝推定の助動詞〟で、〈いかにも小学生らしい筆致〉といえば、「小学生らしい」という〝形容詞〟を認めて、「らしい」を接尾語だという扱いにする。

〈今夜は雨らしい〉と言えば推定で、子供の描いた絵を見て、「いかにも雨らしい感じがよく出ている」というと「らしさ」の表現になる。前者か後者か、どちらかが古語「らし」から来ているのだろうと思われる。

しかもどちらの用法に取っても非常に近く、分け切れない。どちらの用法にも取ることができる。これはふしぎな感覚だというほかない。

み山には—あられ降る〈らし〉。と山なる、まさきの葛《かづら》、色づきにけり

（『古今集』二十、一〇七七歌）

奥山には、いかにもそれらしく霰が降るさまだ。

端山のまさきの葛が、いろづき出してしまう

従来の理解ではてまえにある山の色映えるもみじを、神々のいます深山に霰がふっているから、と推定する。それでよいように思えても、〈〜だから〜〉という、因果を説明する表現がおもてに見えないことはネックとなろう。

夏らしい空、物書きらしい雰囲気、南国らしい風景、政治家らしい最期、馬鹿らしい、など、微妙な場合も含めて、「らしさ」の表現が現代語にある。接尾語「らしい」という一括で処理されているけれども、古語の世界から来たのではなかろうか。「いかにも小学生（である）らしい筆致」「いかにも雨（である）らしい感じ」というように、「である」を介することもできるのだから、「らしい」を接尾語扱いせず、助動辞と認めるのが穏当ではないか。現代に優勢な推測の「らしい」——〈被害者は小学生らしい〉〈今夜は雨らしい〉——は時代が下って発達した「らし」に負うのではなかろうか。

古語「らし」についての、これまでの、教科書などでの解説としてある〈何々（＝根拠・事実）に拠って、……であるらしい〉、あるいは〈……であるらしいという推定の、原因・理由はこれこれだ〉という説明に対して、微妙な変更を加えたい。〈いかにもそれらしさ〉がある、〈何々であるらしさ、ふさわしさ〉があるというところに、古語「らし」の生存領域があるのではなかろうか。むろん、繋がりはあって、なかなか分け切れないことではあるにしても。

†古語としての「らし」

「らし」をどう判断するかにはまことに困難が付き纏う。なぜなら、現代語には「らしい」が働いているため、それに引きずられて、古語「らし」もまた推定の助動辞のようにややもすれば受け取られてしまう。

高山《かぐやま》は—うねびををしト、耳梨ト、相諍競《あらそ》ひき。神代より、如此《かく》に有る〈らし〉（＝有良之）。古昔も—然に有れコソ—虚蟬《うつせみ》も—嬬《つま》を、相挌《あらそ》ふ〈らしき〉（＝相挌良思吉）

（『万葉集』、一、一三歌）

かぐやまは、畝傍山を「をし」と言って、耳成山とたがいに争った。
神代から、いかにもそんなありさまだ。いにしえもそうであるからこそ、
現世もそれにふさわしく妻を争うのさ

口訳をみぎのようにほどこしてみるものの、居心地が悪い。現代語「らしい」の感じでここを受け取って、「神代から、そのようであるらしい、現世も妻争いをするらしい」と解読したくなる。みぎの口訳はそれの一歩手前で、古語「らし」の本来を盛り込んでみようとした。

古《いにしへ》の七（ノ）賢人《さかしきひとたち》等も—欲為《ほりせ》（し）物は—酒にし有る〈らし〉（=有良師）

（同、三、三四〇歌）〔讃酒歌〕

古の七賢人らも、欲しがった物と言えば、酒じゃ、
酒がふさわしいて

「七賢人が酒をほしがるらしい」という程度では、現代語の「らしい」にとどまる。そうすると、根拠はご本人、大伴旅人が酒好きだから、という理屈になる。この作歌を含む連作は、「らし」を明らかに意図的に多用する（三三八、三四〇、三四一、三四二、三四七歌）。当該の三四〇歌について言えば、単なる推量なら「酒にか—あらむ」なり、「酒にあるらむ」なりの言い方をすればよい。「酒にし有るらし」とあるからには、酒が一番だ、ふさわしいのは酒だ、という前提があって成り立つ新奇な言い回しではなかろうか。

活用は、

基本形	未然形	連用形	終止形	連体形	已然形	命令形
らし	—	—	らし	らし／らしき	らし	—

と、連体形に「らし」を認めるところに古風さを感じる。係助辞「コソ」の結びを「らしき」とする事例があって（『万葉集』一、一三歌）、活用語らしさはある。

†「春過ギて、夏来たるらし」

学校文法では古語「らし」を〈確実な根拠にもとづいた推定〉だとする。「現在視界内にあるものを根拠として推定する」と、古い文法読本にあったのを思い出す。よく見かける例示歌としては、

春過ギて、夏来たる〈らし〉（＝来良之）。白妙ノ衣乾《ほし》た有り。天ノ香来《かぐ》山　（同、一、二八歌）

が文法読本に挙げられていた。そこでは初夏の訪れを、視界にはいってきた香来山の白栲《しろたえ》の衣で推定するというような説明だった。大きな疑問として言うと、香来山に白い洗濯物か何か、布類が乾してあるなどということがあろうか。

ここはすなおに「初夏であるらしさ」を感じるという内容に取ってよいのではなかろうか。いかにも初夏であることにふさわしく、神のお山に懸かるころものような白雲が目にまぶしい。夏の来ているさまを、いかにもそれ（＝夏）らしくなった、と感じるのであって、まっ白な夏雲を見て思う（繰り返して言えば、けっして持統天皇のドレスが乾かしてあるなどと取らないように。うたなのだから、白い雲の比喩としてある）。

ただし、原文「来良之」はキニケラシとも訓めるから、そして「たる」は存続の「たり」か「来至《きいた》る」か、訓み添えであり、例示歌としてあまりふさわしくない。

ももしキノ、おほみやひトは―うづらトり、ひれトりかケて、まなばしら、をゆきあへ、にはすずメ、うずすまりゐて、けふモ―かモ、さかみづく〈らし〉。たかひかる、ひノみやひト、コトノかたりゴトモ、コをば

（『古事記』下、雄略、一〇一歌謡）

ももしきの（枕詞）大宮人は、鶉鳥のごとく、領巾《ひれ》を取りかけて、まなばしら（―鶺鴒）が尾を交わすように（ひらひら）、庭雀のように、跨がり座って、今日こそは、酒びたりという感じ。高光る、日の宮人よ。ことの語りごとよな、これは

酒に浸っている、酒宴のさまをうたう。采女までも入り乱れたパーティーのようすが活写される。条件句のないことに注意したい。

†「をとめ子も―神さびぬらし」

『源氏物語』ではうたのなかにのみ語例がある。筑紫の五節へ贈るうた――

をとめ子も―神さびぬ〈らし〉。あまつ袖、ふるき世の友、よはひ経ぬれば

（「少女」巻、二―三一二）

（あの時の）少女は、いかにも（いまや）年古りてしまうかのようだ。

天つ袖を振って、古き昔の世の友（である私）も、年齢が過ぎてしまうから

色まさる、まがきの菊も―をりくに、袖うちかけし、秋を恋ふ〈らし〉

（「藤裏葉」巻、三―一九七）〔「紅葉賀」巻の青海波を思い起こして〕

色が濃くなる、籬《まがき》の菊も、折にふれて、

袖をうちかけた（あの日の）秋を、恋しく思い起こしている感じだ

穂に出でぬ、もの思ふ〈らし〉。しのすゝき、招くたもとの露しげくして

（「宿木」巻、五―九四）〔匂宮、琵琶を弾く〕

表面に出さないで、ものを思うようすだ。すすきの穂が招く、

たもとの露はぐっしょり濡れて

5 「なし」「なふ」

†「なし」（程度の否定）

「程度の否定」である「なし」は助動辞と見る余地がある。

うしろめたし　→うしろめたなし

のようなのがそれで、〈「うしろめたし」どころではない〉と、うしろめたさの程度を否定すると、「うしろめたなし」になる。

乳母《めのと》は、うしろめた〈なう〉わりなしと思へど、（乳母は「うしろめたい」なんて感じじゃない、理屈に合わないと思うけれど、）（「若紫」巻、一―一八六）

は、この上なくうしろめたい。「いはく　→いはけなし、をづ　→をぢなし、〜がたし　→〜がたなし、さがし　→さがなし、はしたし　→はしたなし」などがある。甚だしい言い方のほうだけがのこった、

いらなし　うつなし　おほけなし　おぼつかなし　かたじけなし
しどけなし　ゆくりなし

などもその類だろう。熟して形容詞としての成立を認めてかまわない。形容詞「なし」から転成した助動辞として、注意を向けておく。

時代が下りても発達する言い方で、「切に」から「切ない」へ、「せわしい」から「せわしない」へと、造語力がある。現代語では「くだる」→「くだらない」、「たまる」→「たまらない」のような「ない」が程度の否定としてある。「滅相な」→「滅相もない」、「とんだ」→「とんでもない」などにも「ない」が生きる。テナモンジャナイと、程度を否定して甚だしい

状態へ転出するのだという。

†「なふ」（〜ない）

東国語に「なふ」（未然形下接）があり、否定として働く。

あひづねノ、くにをさドホみ、あは〈なは〉ば、しのひにせもト、ひもむすばさね

（『万葉集』十四、三四二六歌）

会津嶺の国が遠いから、逢わないならば、
思い慕うしるしにしようと、紐を結んでくだされ

水《み》くく野に、かもノはほノす、児ロがうへに、コトをロはへて、いまだね〈なふ〉も

（同、三五二五歌）

みくく野に、鴨が這うように、娘っこの上に、
ことばをかけつづけて、まだ寝ないよな

活用——

基本形	未然形	連用形	終止形	連体形	已然形	命令形
なふ	なは	—	なふ	なへ／のへ	なへ	—

現代語の「行か〈ない〉、食べられ〈ない〉」などの〈ない〉（助動辞）は、『万葉集』時代の

東国語「なふ」に由来すると言われる。連体形「なへ」がナエをへてナイになるという推定で、不自然さはない。

第四章

推量、意志、仮定

1 アム amu を下敷きにする

†「む」（＝「ん」）は現代語の「う」に生きる

「む」はkrsm‐四辺形（krsm‐立体）の右端に見いだされる。現代語では「う」となって、いまにしっかり生きている。「う」からさらに変化して、口語だと、

～だろ！　～行こ！

などと、「だろう、行こう」の「う」を略して（厳密には促音化して）さえ「む」の内容は生きるのだから、文法はおもしろい。

「う」とともに現代に使われる「～よう」に至っては、どこから生まれてきたのか、よく分からない。九州方言などに「見ゅう」というような中間形態もある。あとに見る「むず」には「うず」「うずる」とともに「ようず」という言い方も見かける。

†推量（〜う、〜よう）と意志（〜う、〜よう）

にほはしさはたとへ〈ん〉方なくうつくしげなるを、〔こぼれるような美しさは喩えよう方法がなくいかにも愛らしいのに対して、〕　――推量〔「桐壺」巻、一―二三〕

推量をなぜ意志とおなじ語「む」であらわすのだろうか。これは未解決の問題ながら、同様のことは「べし」という助動辞でも、また「まじ」という否定の助動辞でも起きる。みぎは光源氏について言う。つぎの「御心」は左大臣の心。

この君にたてまつら〈ん〉の御心なりけり。〔光君に（妻として）さしあげようとのお心だったことだ。〕　――意志〔同、一―二五〕

語り手の一人称の場合には意志、三人称だと推量だと、分ける説明は教科書などに散見される。なぜそのような傾向が出てくるか、また決定的に分けられるか。

推量が意志とおなじ語を共有する現象は、よく知られるように英語にも見られる。もとは独立した動詞であったshall（古英語sceal〈負う、義務がある〉、過去形はshould）も、will（同、wyllan／wille〈しようと欲する〉、過去形はwould）も、ともに、「〜だろう（推量）」と「〜するつもりだ（意志）」という、二方向にかかわる。古代日本語の「む」そして「べし」「まじ」がそれぞれ、推量と意志という二方向を持つことと似る。

英語 shall および will では、さらに時制（未来）が絡む。このことについて、ある英文法の解説書は、

「義務」の shall と「願望」の will とが動詞として使われているうちに、義務も願望もその実現が将来に関係しているので、いつしか助動詞に転用されるようになった……

（江川泰一郎『英文法解説』、金子書房、一九六四）

と説明する。そういう説明で分かりやすいが、より真相としてならば、未来をあらわしたい心意が「義務」や「願望」にそれを求めたということだろう。「む」についても割り切って未来という時制語だと決めつける極論はありえてよい。

活用は、

基本形	未然形	連用形	終止形	連体形	已然形	命令形
む	（ま）	—	む	む	め	—

という、ちょっと寂しい並びをなす。未然形に「ま」を認めるならば、「まく、まほし、まうし」あるいは「まし」に含まれる「ま」との関係が見えてくる。

†婉曲という説明

「む」の機能として、推量、意志あるいは未来とともに、教科書の類に〝適当・勧誘〟やら、

〝仮定・婉曲〟やらがあり、高校生や受験生にはつらい暗記項目になりかねない。ほかにもまだいくつもの二字熟語を見つけることができる。

これらのなかで、適当や勧誘は、推量、意志とともに、「べし」についての説明としてもおこなわれる。なんだ、「む」と「べし」とはおなじ助動辞か。おなじではないが、「む」が形容辞の「し」をもらって「べし」になった。「む」にしろ、「べし」にしろ、文法学者が用例にぶつかるたびに、ニュアンス（語の含蓄、陰影）を感じとっては、あれこれ二字熟語（推量や意志や適当や勧誘や仮定や婉曲や）を貼り付けていった結果がそれらだ。

推量と仮定とはかさなり、意志と適当と勧誘とはだいたいおなじことと考えてよい。比較的話題になりやすい婉曲にしても、推量そのもの、あるいは仮定のニュアンスで処理できる。

そのうらみ、ましてやら〈ん〉方なし。〔そのうらみをさらに晴らしようがない。〕

（「桐壺」巻、一―六）

限りあら〈ん〉道にもおくれ先立たじ。〔限りあるような道にもあとにのこされあるいはさきに亡くなりなどすまい。〕

（同、一―八）

松の思は〈ん〉ことだにはづかしう、〔松がどう思うか、考えるだけでも羞じられて、〕

（同、一―一二）

という ような「ん」（＝「む」）が婉曲とされる。〈婉曲〉という語は一般に〝遠回しな表現〟

〝露骨にならないように抑えた言い回し〟をさして、談話などにおける配慮のことを言う。「〜です」と決めつけるところを柔らかく「〜でしょう」と言う。古文の学習で言う場合、会話のケースもあるけれども、多く地の文中に出てくる「〜のような」という、例示ないし類推表現として言うようだ。おおまかには推量（仮定）に含まれよう。

†「むず」「うず」（〜う、〜よう）

「むず」（んず）は「む」（ん）のさらなる口語化だろう。『源氏物語』にはめずらしいにしても、「夕顔」巻に「むず」（＝「んず」）が見られる。侍女の右近が語る。

十九にやなり給ひけん。右近は亡くなりにける御乳母の捨て置きて侍りければ、三位の君のらうたがり給ひて、かの御あたり去らずおほしたて給ひしを、思ひたまへ出づれば、いかでか世に侍ら〈んず〉らん。〔十九におなりになったのでは……。私、右近は亡くなってしまっておりますお乳母があとにのこした子でございましたから、三位の君（頭中将）が目にかけてくださって、そのおん近辺から離さず大きくしてくださったことを、思い出し申すと、どうして世にながらえなどいたしましょうか。〕

（「夕顔」巻、一―一四〇）

「むとす」が「むず」になったと言われる。

活用は、

基本形	未然形	連用形	終止形	連体形	已然形	命令形
むず	—	—	むず	むずる	むずれ	—

と纏められる。

中世には「うず」「うずる」が見られる。大いにおこなわれたあと、近世になると消えるらしい。

†「けむ」（〜たろう）〔過去推量とは〕

「けむ」（「けん」とも書く）についてはｋｒｓｍ-立体をめぐり、序章に一旦ふれた。キアム（ki-amu）から「けむ」kemu は生じたと判断する。キ ki は過去の「き」で、それとアム amu との結合となる。過去推量を必要とする精神の働きが「けむ」を得て発達していった。成立すると、連用形下接であることは自然だろう。

コノみきを、かみ〈けむ〉ひとは　（『古事記』中、仲哀、四〇歌謡）

これの御酒を、かもしたろう人は

醸造することを「かむ」（四段）というのは「噛む」と同語で、kami-ki-amu が kami-kemu となる（i-a →e）。桐壺更衣が病篤くなるところ——

うらみを負ふ積りにやあり〈けむ〉、いとあづしくなりゆき、物心ほそげに里がちなるを、いよ〳〵あかずあはれなる物に思ほして、人の譏《そし》りをもえ憚らせ給はず、世のためしにも成りぬべき御もてなしなり。〔(女性たちの)怨恨を背負う蓄積から来たのでは？ えらく篤くなってゆき、何かと心ぼそい感じで引きこもりがちであるのを、いよいよ、飽くことなく、いとしい存在よと(帝は)思いあそばして、人さまの非難までをも遠慮しなさることができず、世上の前例にきっとなるに違いないご待遇である。〕

(「桐壺」巻、一―四)

「うらみを負ふ積りにやあり〈けむ〉」とは、女性たちの「うらみ」がずっと蓄積してきてあったのだろうと、病気の原因を推測するのであって、何らかの事実を疑うわけではない。物語内容にいま下り立つ語り手の推量であり、疑念ではない。

先の世にも御契りや深かり〈けむ〉、世になくきよらなる玉のをの子御子さへ生まれ給ひぬ。〔前世にもお約束が深かったのかしら、絶世の玉光る超美男子までもお生まれになってしまう。〕

(同、一―五)

桐壺更衣の前生じたいを疑うのではない。どのような前生だったかを推量するので、推量する物語内の語り手がそこにいる。

活用は、

基本形	未然形	連用形	終止形	連体形	已然形	命令形
けむ	(けま)	―	けむ	けむ	けめ	―

となる。「けま」はク語法にあらわれる。

†「らむ」（いまごろは〜だろう）〔現在推量とは〕

「らむ」（＝「らん」）もｋｒｓｍ-立体にふれて序章に述べた。アリ ari プラス amu だったとすると、i が落ちて aramu となり、成立したと見られる。終止形に下接する。

現代日本語に置き換えて言えば、もともとの「のであろう」から広がり、いまごろは何々しているこ とだろう、という現在推量を覆っていったかと思われる。「坊やはお腹をすかしているこ とだろう」と、帰宅を急ぐお母さんが留守番中の坊やのいまを思いやる。いまの不可視の状態から、想像を拡大して、「（いまごろは）どうなっているのだろう」という状態へと意識が至る。

いかでかく、心ひとつを、ふたし―へに、憂くも―つらくも―なして見す〈らん〉

（『後撰集』九、恋一、五五五歌）

どうしてかように、心（は）一つであるのに、二重に、いやだとも、つれないとも思わせてみせているのであろう

〝いまの推量〟という状態を示すために「らむ」という助動辞が発達し、使い回されていった。「む」との違いには、見えない心のなかの現在を推量するという強調があるのではないかと思

われる。みぎは疑問詞や疑問辞とともに使われる例。

かの御おば北の方、慰む方なくおぼし沈みて、おはす〈らん〉所に尋ね行かむと願ひ給ひししるしにや、つひにうせ給ひぬれば、またこれを悲しびおぼすこと限りなし。〔かれ、おん祖母北の方は、慰む方法なくお思い沈みになって、(更衣のいま)いらっしゃろう幽冥所に、尋ねて行こうと願いなされし結果であろうな、ついに亡くなられてしまうと、またこのひとを哀悼しあそばすことが限りない。〕

(「桐壺」巻、一―一八)

いま、更衣は亡くなってどこにいるのか、その幽冥所を推量する。

つれなきをうらみも―はてぬしのゝめに、とりあへぬまで、おどろかす〈らむ〉

(「帚木」巻、一―七〇)

(あなたの)薄情さを、恨みも尽くさぬ(あわただしい)しらじら明けに、鶏が、取りも取りあえぬほどにまで、私の眼を覚まさせているのだろう

みぎは空蟬と過ごした夜の明け方の源氏の君の贈歌。

活用は、

基本形	未然形	連用形	終止形	連体形	已然形	命令形
らむ	―	―	らむ	らむ	らめ	―

と、ちょっと寂しい。「らん」とも書くのは実際の発音変化を反映しているらしい。

†「ば」（〜ならば）〔仮定〕

すでにふれたように（二六〜二七ページ）、「ば」のなかにアム amu がはいっている。

つらから〈ば〉、おなじ心につらから〈ん〉。つれなき人を、恋ひ〈む〉とも——せず

（『後撰集』九、恋一、五九二歌）

私につれないなら、私も同様につれなくなることだろう。

つらくあたるひとを、恋いようともしない

ここには「む」（表記上、「ん」とも）が三つ、あるのではないか。

a 「つらからば」 →「つらから〈む〉」＋「は」

b 「おなじ心につらから〈ん〉」

c 「恋ひ〈む〉」

a例は「は」と融合する「む」であり、他人についてはb例のように「だろう」という推量となり、自分についてはc例のように「恋いよう」という意志になる。他人についても自分についても、自分の立場からの主体的表現であることに変わりなく、前者では推量の機能が働き、後者は自分について言う。

「つらからば」は、かりにひらいてみると、

turakar（u）-amu-pha となって、このなかにアム amu がはいっている。amu がはいるだけで、turakaru-pha「つらかる（こと）は」を仮定条件の言い回しに変えることに注目する。「つらかるは」と「つらからば」とのあいだは、アム amu があるかないかという差異に尽きる。

2 「ま」「まほし」「まうし」

†「まく」〔ク語法〕

ク語法と言われる「まく」は『源氏物語』に見当たらない。大野晋「校注の覚え書」（『万葉集』一、日本古典文学大系、岩波書店、一九五七）を応用すると、アム amu とアク aku との結合か、それとも ama と ku との結合か、という議論になる。「まほし、まうし」（さらには「まし」）をも思い合わせると、「ま」ma という名詞的な語素（推量素とでも言うか）を考えてしまうのがよいかもしれない。その「ま」は「む」から生じたと見るべきだろう。

春日山、朝立つ雲ノ、居ぬ日無く、見〈まく〉ノ欲しき、君（に）も―あるかも

（『万葉集』四、五八四歌）

春日山に、朝立ちのぼる雲が、たなびかない日がない。そのように、

毎日見たいと欲する君でありますかな

のような、「見まく」（見ること）を「ノ」の受ける主格の例がある。このような例があるから、次項にみる「まくほし」から生じたとする通説は、ちょっと保留してよいだろう。「まくほし」が「まほし」になったと見ると、maku-phosi →ma'phosi というように、一つならまだしも、k と u という二つの音素を落とすことになるので抵抗がある。

†「まほし」（～したい）「まうし」（～したくない）

限りとて、わかるゝ道のかなしきに、いか〈まほしき〉は—命なりけり

（「桐壺」巻、一—八）

命の限りとて、お別れする道がかなしいにつけて、（死出の道に行きたいのでなく、）生きたきは、命であったことです

「まうし」は「ま憂し」と書くと分かるように、

この君の御童姿いと変へ〈ま憂く〉おぼせど、（この君のお童姿をえらく変えるのがつらくお思いだけど、）

（同、一—二四）

数ならぬ身を見〈ま憂く〉おぼし捨てむもことわりなれど、（人数にはいらぬ身を見るのがい

やでお見捨てになろうというのももっともですが、〕（「葵」巻、一―三〇〇）

というように、気の進まぬ登場人物の内心を語り手が忖度する。maku-usi →ma'usi という理解でよいのか。k と u と二つを落とすということには抵抗感がある。

抵抗感のバーを下げるためには、「ま」ma という名詞的な小辞を考えて、「ま―ほし」ma-phosi「ま―うし」ma-usi の成立をすなおに認めることでよいのではないか。

3 「まし」（〜よかったのに）

†「まし」と「し」（過去）

「まし」は上代（『万葉集』など）から平安（『源氏物語』など）へと、変遷史を辿るとなかなか厄介で（いな、おもしろく）、成立に関する学説も複数ある。「ませ」（未然形）は『源氏物語』だと、うたのなかにのこり、一方、「ましか」（未然形および已然形）は上代に見られず、平安文献に見つかると言われる。だからと言って、「ましか」を新しく平安から生じたと見る理由はまったくない。「ましか」は本来、已然形だったろう。語の性格上、未然形として働く用例が多いようで、一種の転用と見られる。

「まし」についてはすでに第二章で「し」に関連してふれた（六〇ページ以下）。

・過去の助動辞「き」のサ行活用

基本形	未然形	連用形	終止形	連体形	已然形	命令形
—	せ	（し）	—	し	しか	—

・「まし」の活用

—	ませ	—	まし	まし	ましか	—

と、未然形の「ましか」を除いて並べてみると、明らかに類縁性がある。「まし」に含まれる「し」は過去に属すると知られる。

†反実仮想とは

仮定の表現が過去形式をとることは英語などでもおなじで（If I were〜）、現代日本語でも「〜だったならば」というように、過去となる。「まし」の「し」が過去をにじませることは自然だろう。反事実の仮定をあらわす。

これを見て、なりひらの君の、「やまのは逃げて、いれずも—あらなん」といふうたなん、おもほゆる。もしうみべにてよま〈ましか〉ば、「なみたちさへて、いれずも—あらなん」ともよみて〈まし〉や。（……もし海岸で詠んだとしたならば、「波が立ちじゃまをして（月を）入れないでもあってほしい」とでも詠んだかもね。」

（『土佐日記』、一月八日）

というように、「ましかば、……まし」は典型的に「もし〜」に導かれる。

短歌の事例を『源氏物語』の用例全三十七首から、わずかに取り出してみる。

1　ませ・ば〜まし・やは

心いる方なら〈ませ〉ば、ゆみはりの、つきなき空に、迷は〈まし〉やは

――朧月夜の君（「花宴」巻、一―二八四）

心が入ってゆく方向だったとしたならば、ゆみはりの月ではないが、手がかりのない空中に迷いもしなかったのに

2　まし〜ましか・ば

ひたふるにうれしから〈まし〉。世の中にあらぬ所と思は〈ましか〉ば

――浮舟（「東屋」巻、五―一七一）

ただひたすらうれしかったろう、それならば。（ここが）世間ではない場所だと、そう思えるのだったならば（実際には煩わしい世間そのものだ）

3　ましか・ば〜や〜まし

君がをる嶺の蕨と、見〈ましか〉ば、知られや――せ〈まし〉。春のしるしも

――大君（「椎本」巻、四―三七二）

父君（八の宮）が手折る嶺の蕨と見よう、可能だったならば。

知ることができもしたのに、それを。春の到来を告げる証拠として

「ませ」の「せ」は過去の助動辞の未然形と見られる。「ましか」も未然形のように見えるので、已然形のそれが転用されて生じた活用形かと判断される。

4 「べし」の性格

†機能語の性格として

ある助動辞はその助動辞しかない。「べし」bësi あるいは bësi をほかの語に置き換えようがない。〝ある状態〟を「べし」と言うほかなくて、言い換えようがない。しかも、当然のことながら、その母語――日本語――のなかでしか生きられない。

「べし」を説明しようとして、「なければならない」（ないとすると実現しない）、「あたりまえだ」（当然を当前と書いて当たり前と理解してできた語か〈異論もある〉）、「きっと違いない」（しっかり別ではない）、「はずだ」（矢筈は弦と合う性格だ）など、古典語の理解（もしかしたら民間語源説を含む）で、いろいろ言い換えるのは、すべて現代日本語であり（現代日本語でなくともよいが）、助動辞でな

い言い方で言ってみせることであり、それらはまさに助動辞での「べし」だ、というように説明が堂々めぐりする。

「なければならない、あたりまえだ、きっと違いない、はずだ」という、そんな言語状態というか、心理状態というか、むずかしく言うとモウダル modal な（心的態度の）状況があって、そこへ「べし」が抛りこまれて、ある精神作用を持つ語として、きわめて文脈依存的に成立する。それしかない語として、たとえば「む」と言ったり、「まじ」と言ったりするのとは精神状態を異にする語として、動詞、形容詞その他のあとに接してしか生きられず、文脈から無理に取り出すと死を迎える。

む……　（一人称で）　意志
　　　　（一人称以外で）　推量

という二つのピークが「む」にはあると言われる。同様のピークが「べし」にも見られて、

べし……（一人称で）　意志をもつ
　　　　（一人称以外で）　推量性がある

となるようだ。

「べし」の活用は、

基本形	未然形	連用形	終止形	連体形	已然形	命令形
べし	―	べく	べし	べき	べけれ	―
	べから	べかり	べかり	べかる	―	― 〔カリ活用型〕

となる。終止形「べかり」を認める理由は「べかなり、べかめり」の存在による。学校文法などで「べし」はウベシというような形容詞から来たと教えるのは、そんな形容詞を古文に見かけないから、単なるだれかの思いこみに違いない。

なお『日本語と時間』（藤井、岩波新書、二〇一〇）に書いたｋｒｓｍ－四辺形（ｋｒｓｍ－立体）の右下辺が空白のままであるのは「べし」を入れたい。

†「む」と「し」（形容辞）とのあいだに

「べし」には人称によって、推量と意志という、二つのピークがあるとしばしば説明される。しかし、「む」もまたそうなのだから、その限りだと、だいじなことを言っていないにひとしい。「べし」は「〜だろう」（＝む）でもなければ、「〜しよう」（同）でもない。「べし」と「む」とは、互いに関連されるにしろ、別の助動辞なのだから、二つが別個にあるのであって、安易な混同ならばよくないと思う。

「む」と「し」（形容辞）とのあいだに「べし」を音韻的に位置づけるには、すこし手つづきが

要る。「む」の活用形më（メ）を考察上の起点とし、bとmとは容易に交替するから、më-asiを一旦、想定してみると、

më-asi →bë（-a）si →bësi（べし）

というような変化による「べし」の成立が考えられる。

「む」と「し」とに挟まれた狭い機能を持つ、ということではない。「む」と「し」とのあいだで、音韻的に位置を占めるということは、たしかに顧慮のうちであるとしても、それ以上に、機能的に発達を遂げるということが重要だと思われる。

「む」の持つ二つのピークが、形容域に持ってこられる。「む」が形容辞「し」を受けて機能を拡大してきたとき、モウダルな（心的態度の）性質を獲得するのではないかとする推定だ。「し」が付加されたことで、「あたかも〈む〉だ」というようなシーンへと転ずる。モウダルな状態が精神に成熟して、その精神状態に対して「べし」が持ってこられたとき、日本語にその助動辞は生まれた。「べし」は「む」とともにモダリティ語（〝心的態度〟語）と言われる。

†「べらなり」

「べらなり」は馴染みにくい語感ながら、漢文訓読語の文献や古今歌に出てくる。舟びとに仮託したうたに、

見渡せば、松のうれごとに棲む鶴《つる》は―「千代のどち」とぞ―思ふ〈べらなる〉

（『土佐日記』、一月九日）

見渡せば、松のてっぺんごとに棲む鶴は、
千年の同士とですぞ、思うべきである

と詠む。「べし」の語幹「べ」に接尾語「ら」が付くことは、「うまら、さかしら、まれら」などとおなじ在り方だろう。「べら」（〜のような状態）という一語となり、さらに「なり」（〜である）が付いてできた。

基本形	未然形	連用形	終止形	連体形	已然形	命令形
べらなり	―	べらに	べらなり	べらなる	べらなれ	―

自立語に下接する仕方は「べし」に類する。「〜べきことである、ふさわしく見られる」という感じをあらわす。

・「べかし」

形容詞型の助動辞「べかし」は「あるべかしく（う）」が『蜻蛉日記』や『狭衣物語』、「あるべかしき」が『源氏物語』（「行幸」巻、四―七〇）に見える。

5 「まじ」「ましじ」〈うち消し推量〉

†「べし」と「ましじ」

上代の助動辞に、うち消し推量の「ましじ」（〜ないだろう、〜しないつもりだ、きっと〜できない）がある。

……ヨる〈ましじき〉、かはノくまぐま、ヨロホひゆくかも。うらぐはノキ
（『日本書紀』十一、仁徳、五六歌謡）

寄るべきでない、川のあっち、川のこっちを、
寄り道、寄り道行くよ。うらぐわしい、桑の木ちゃん

のような「ましじ」がある一方で、

やまこえて、うみわたるトモ、おもしろき、いまキノうちは―わすらゆ〈ましじ〉
（同、二十六、斉明、一一九歌謡）

山越えて、海わたるとも、おもしろい、
今城のなかは―忘れられないようだ

あらたまノ、きへノはやしに、なをたてて、ゆきかつ〈ましじ〉。いをさきだたね
(『万葉集』十四、三三五三歌)

あらたまノ、寸戸《きへ》の林に、汝を立たして、
行くことができそうにない。寝ることをさきにしましょう

のような、「ゆ」(自然勢)、「かつ」(可能)や、あるいは「得《う》」と併用されることが多く、不可能性を強調する。最初の「ヨるましじき、かはノくまぐま」は不可能をあらわす語を見ないから、すべきでないという思いを込めた言い方だろう。あとの例は、

玉匣《たまくしげ》、みもろ(ノ)山ノ、さな葛、さ寐《ね》ずは—遂に、有り勝つ〈ましじ〉(同、二、九四歌)

(玉匣)みもろの山の、さな葛、
さ寝ずにはとても生きてなんかいられないでしょう

とおなじで、「かつましじ」という不可能性の言いあらわしになる。

「ましじ」の活用は、

基本形	未然形	連用形	終止形	連体形	已然形	命令形
ましじ	—	—	ましじ	ましじき	—	—

とされる。

「ましじ」と「べし」との関係は、ｂとｍとが容易に交替するから、中間をとってmë-asiを

一旦、想定してみる。

mĕ-asi →bĕ（-a）si →bĕsi（べし）

というような変化による「べし」の成立と、「じ」（否定辞）が付いて、

mĕ-asi-ji →m（ĕ）-asi-ji →masi-ji（まじじ）

という変化による「まじじ」の成立とを考える。ともに終止形下接（ラ変型の活用語の連体形下接）である点でも不自然さはない。

†「まじ」

「まじじ」masi-jiは「まじ」（〜まい、〜ないだろう、〜できまい）ma-jiとともに「べし」の否定と言われることがある。しかし、解決しなければならない関門がある。上代語「まじじ」が中古語「まじ」になるという一般の説明でよいのだろうか。m（ĕ）-asi-jiから、あるいはmasi-jiからどうやってma-jiになるのかという説明がちょっとむずかしい。「じ」jiが否定であることとは別に説明を要することだとしても（一一五ページ）、「まじじ」が「まじ」になるためには、単純に見るならば「し」siが脱落したことになる。母音（か子音）が一つ脱落することはあるとしても、「し」siから二つ（sとiと）が容易に脱落するか、どうだろうか。

そうでなく、「まじ」は、m（ĕ）-ani-siからただちに生じたのではなかろうか。つまり、ji

にはアニani（否定辞）がそのままはいっているはずで、

(a) ni-si →n'si →ji

から、

m (ë) -ani-si →man'-si →ma-ji

となろう。「まじ」の活用は二筋に分けて、模式的に、

基本形	未然形	連用形	終止形	連体形	已然形	命令形
まじ	—	まじく	まじ	まじき	まじけれ	—
まじかり	まじから	まじかり	まじかり	まじかる	—	まじかれ

から成る（「まじかり」はカリ活用型）。

かゝる折にも、ある〈まじき〉はぢもこそ、と心づかひして、（かような際にも、あってはなるまい恥が心配、と心づかいをして、）（「桐壺」巻、一—七）

ただ、五、六日のあいだに衰弱し、宮中を退避するにあたって、恥を恐れる桐壺更衣（やその母君）だ。「まじき」は地の文であるから、語り手による更衣たちの心内の忖度であり、更衣たちの「恥を見たくない」という意志を読み取っている表現と見られる。

わが御心ながら、あながちに人目おどろくばかりおぼされしも、長かる〈まじき〉なりけり、といまはつらかりける人の契りになむ。（自分のお心ながら（＝帝ノ自称敬語）、無理に人目

を驚かすぐらいお思いになったことも、長からぬことだろうというゆえだったと、いまは（かえって）薄情な関係の約束でのう。」

（同、一―一四）

「長かるまじきなりけり」とは、更衣との関係が末永くつづくのでなかったことへの悔しい思いであり、そうに違いなかったといまに思い当たる。

会話する本人の意志として出てくる「まじ」には、

さらにその田などやうの事は、こゝに知る〈まじ〉。〔まったくその田などのようなこと向きは、みどもの知るまいことだ。〕

（「松風」巻、二―一九二）

という明石入道の伝言がある。「知る」は、領地する。田畑の領有権を放棄しようというので、意志のあらわれと見られる。「べし」の否定であることはこういう用例に生き生きする。

第五章　自然勢、可能態、受身、敬意、使役

1　「る」「らる」

†自然勢〔いわゆる自発〕

最初に、学校文法の「自発」という言い方をやめよう、と提案する。なぜと言って、この文法用語ができたころには「自然に発《おこ》る」という意味でよかった。現代語で〝自発〟というと、文法用語としての「自然に発《おこ》る」が生まれたころと逆の、「自発的」におこなう、というような意味と化している。これでは混乱しないほうがおかしい。

代わりによい術語はないだろうか。名案はないが、山田孝雄《やまだよしお》の使った「自然勢」という語をおもに採用することにする（『日本文法論』、用言、宝文館、一九〇八）。「自然」とか「自勢」とかの言い方をしてもよい。

御覧じだに送らぬおぼつかなさを言ふ方なくおぼさ〈る〉。〔見送りあそばすことすら叶わぬ不

安をことばに出しようがなく思われなさる。〕（「桐壺」巻、一―七）

「おぼさる」は「おぼす」（＝「おもほす」）に「る」が付いて、「思われなさる」。「おぼす」という動詞じたいが敬語で、普通には「思ふ」と言う。「おぼす」に「る」が付いたのだから、「る」じたいに敬意はない。自然とそう思われるという自然勢をあらわす。「思はる」（そう思われて仕方がない）の敬体と考えてもよい。

帝の伝言――

しばしは夢かとのみたどら〈れ〉しを、やう〳〵思ひしづまるにしも、〔しばらくは夢かとばかり辿らずにいられなかった、（それが）ようやくきもちが落ち着くにつけても、〕（同、一―一一）

の「たどら〈れ〉し」は「たどりし」に「る」（ここは「れ」）がはいって、「～せずにいられない」という、突き動かされる感情が内部から出てくる。

母君の思い――

かへりてはつらくなん、かしこき御心ざしを思ひたまへ〈られ〉はべる。〔反面では恨めしいことと、畏れ多くもご寵愛のことが存ぜられてならないのでございます。〕（同、一―一四）

は、「思は〈れ〉はべる」（思えてならないのです）が、「たまへ」（謙譲語、下二段活用）を介在させて「思ひたまへ〈られ〉はべる」になる。会話文中の「らる」と「たまへ」との結びつきは用例がきわめて多い。

†可能態

自然勢と可能態とはおなじ機能で、大きくかさなる。

……を御覧ずるに、来《き》し方行く末をおぼしめさ〈れ〉ず。〔（更衣の病勢を帝が）御覧になると、過去を振り返ること、将来に頼むこと、何にも考えあそばされない。〕（同、一―七）

「おぼしめさ〈れ〉ず」は「思いあそばすことができない」という不可能をあらわす。不可能は自然勢の否定と言ってよい。

御胸つとふたがりて、露《つゆ》まどろま〈れ〉ず、明かしかねさせ給ふ。〔お心はすっかり閉じられて、すこしもとろとろ眠られず、夜を過ごすことができないでおられる。〕（同、一―八）

可能態の肯定的な表現の事例のようでも、

まぎるべき几帳《きちやう》なども、暑ければにや、うちかけて、いとよく見入れ〈らる〉。〔姿を隠すことのできそうな几帳なども、暑いからであろう、上げてあって、たいそうよく（内部が）見通される。〕（「空蟬」巻、一―八六）

は、源氏の君が垣間見をするところ、「いとよく見入れ〈らる〉」とは、自然と覗かれる状態を言うので、自然勢でもある。日本語では「できる」のもともとが「出《い》で来《く》」であるように、出現すること、自然に成立することをあらわす。

文法書には「我はこの問題に答えらる」「彼もこの問題に答えらる」というような用例を見いだす。このような用例が実際に古文に見つかるか、心もとない。

†「る、らる」は受身か

「る、らる」が持つ「受身」という機能（受働態と言ってもよい）は、自然勢や可能態という機能と、「る、らる」を共有することになる。これはすこし困ったことかもしれない。自然勢と可能態とがおなじことで分け切れない、という実態と違って、自然勢や可能態と受身とのあいだには、かさなり切らない一線があると感じられる。けっして無関係というのでなく、自然勢や可能態を「る、らる」で引き受けたことと、受身を「る、らる」で引き受けたこととのあいだの繫がりを探りたい。

かう打ち捨て〈られ〉て心をさめむ方なきに、（かように〈故更衣から〉捨て置かれてきもちを慰める方法がないのに、）

（「桐壺」巻、一―一四）

は、いわゆる受身と一応見られる。帝をこの世に「打ち捨て」るのは桐壺更衣（故人）だ。「打ち捨て〈らる〉」と言えば、自然勢か可能態かに取るならば、「打ち捨てることができる」。「打ち捨て〈られ〉ず」と言うと、打ち捨てることができないので、不可能の表現となる。実際には帝と更衣との身分関係から、とても「打ち捨て」ることなどできそうにない。

多少そのように、自然勢か可能態かにかかわらせることはできるが、やはり受身の言い方が成立していると取るのがここでの扱いでよかろう。受身になるためにはどうしても主格が交替して（格変動という言い方がある）、帝が「打ち捨てられ」る、という当面の言い方になる。厳密には主格が交替すると言っても、新しい主格者は行為を起こしていない、主格者の身に影響が起きている、といった条件下でならば成立する。だから日本語に欧米語とおなじように受働態があるということには違いない。

†受身の言い方を「る、らる」が引き受ける

「る」の例だが（上代には「らる」の例が見つからない）、

山菅《やますゲ》ノ―実成らぬ事を、吾《わ》に依《ヨ》ソり（所依）、言は〈れ〉し君は、孰《たれ》トか―宿《ぬ》らむ

（『万葉集』四、五六四歌）

山菅ではないが、実のならぬことを、私に関係あるかのように言われたあなたは、（私じゃないのね）だれと寝てるのかしらん、今ごろ

あるいは、

唐《モロコし》ノ遠き境に、つかはさ〈れ〉、まかりいませ、……

（同、五、八九四歌）

唐土の遠き地域に派遣され、おでかけになって、……

という事例には受身が成立している。主格が交替して成り立つ表現であるとは、自然勢／可能態と受身とがまっすぐには繫がらない、ということでもある。発想の転換がいくらか必要なケースだろう。機能語であるからには、自然勢／可能態を「る、らる」が引き受けた。とともに、受身の言い方をも「る、らる」をもってした、ということではあるまいか。自然勢／可能態の言い方から、相手がわに立っての言い方に変えようとして、おなじ「る、らる」を使うことになったのだと思われる。

もうすこし言うと、自然勢や可能態という機能をあらわすために「る、らる」が持って来られた。おなじく受身をあらわすためにも「る、らる」が持って来られた。ついでに言えば、敬意をあらわすためにも「る、らる」が持って来られた。機能が発展し、分化しても、なお自然勢、可能態、受身、敬意のあいだに何らかの共通点があったり、対比があったりすると、おなじ言い方で使い回す、というようなことが起きたのではないか。

†『万葉集』の「ゆ、らゆ」

上代の「ゆ、らゆ」は、ほぼ中古の「る、らる」に相当する。「る、らる」のうち、「る」は上代に見え、「らる」はないと言われる。「ゆ」と「る」とを比較すると、内容上、きわめてよく一致する機能から成る。おそらく別語だったのに、機能をおなじくしたために、「る」が生きのこり「ゆ」を滅ぼしたのだろう。「ゆ」が「見ゆ、きこゆ、おもほゆ、いはゆる」などに生き延びたことはよく知られる。

「ゆ」は「あゆ」（下二段）という、〝似る〟あるいは〝こぼれる、落ちる〟というような意味の動詞から転成したかもしれない。また、「る」は「生《あ》る」（下二段）からできたかといわれる。

・「ゆ」

自然勢

くりはメば、ましてしぬは〈ゆ〉、〔栗を食べると、まして偲ばれる、〕（『万葉集』五、八〇二歌）

可能態

みるにしら〈え〉ぬ、うまひトノこト〔（ちらっと）見る、それで知れちゃうの、貴い人の子だと〕（同、五、八五三歌）

受身

ひトにいトは〈え〉、……ひトににくま〈え〉、〔みんなにきらわれ、……みんなに憎まれ、〕（同、五、八〇四歌）

一応、三つの機能に分けようと試みても、どこかかさなりあう。ともあれ、「ゆ」と「る」とは別の起源から出てきた語で、おなじような機能を持ったために容易に「る」が「ゆ」に取って代わった。

・「らゆ」

いもをおもひ、いノねくらえ〉ぬに、あきノのに、さをしかなきつ。つまおもひかねて（同、十五、三六七八歌）

吾妹児《わぎもこ》を思い、眠られぬというのに、秋の野に、（いま）さ牡鹿が啼いたんだ、ぴーっ、と。牝鹿を思う思いに耐えかねて、ね

という事例ほかが知られる。「らる」は『万葉集』に見つからない。

†「る、らる」の敬意

敬意は「る、らる」を使って、また「す、さす」により、そして補助動詞「たまふ」（四段）、「たまふ」（下二段）、「はべり」などを利用してあらわす。

「る、らる」を使ってあらわす敬意は、身分の高くない人への敬意や、若いひとへの敬意がおもだろう。親しい場面では身分の高い人相手や、年齢が上の人相手にも「る、らる」が使われる。親族に対してなど、会話文のなかだと身分や年齢を越えて敬意の言い回しが見られることに、ふしぎさはない。

「る、らる」は相手方の自然状態から「なさる」という敬意が出てくると一般に考えられている。それでよいとしても、実情としては軽く敬意をあらわしたいときに自然勢の「る、らる」

をもってした、という順序だろう。

「桐壺」巻の場合、最大級の敬語を使わなければならない帝が場面の一つの中心であるから、「る、らる」のような軽い敬意の出てくる余地がないと考えられる。「帚木」巻以下に見る。

異人《ことひと》の言はむやうに心得ず仰せ〈らる〉。〔別人が言うかのようにおっしゃるとは心外だ。〕（「帚木」巻、一―三七）

「仰す」（下二段活用）は〝背負わせる、言いつける、命じる〟意で、源氏の君が頭中将に「ことばを下す」の意。「仰す」じたいに敬意はない。それに「らる」が付いた。「る、らる」はもともと自然勢で、自然にそうなる。仰せが相手がわから自然と出てくる。人さまのなす行為を自然な（無意志の）発露として、自然勢の「る、らる」であらわす。よって敬意をあらわすのに「る、らる」をもってする。

なぞ、かう暑きにこの格子は下ろさ〈れ〉たる。〔なんで、こんな暑いのにこの格子は下ろしておられる。〕（「空蟬」巻、一―八五）

格子を下ろしてあることに対して、侍女たちへ漠然と敬意を示したのだろう。受身と取れる事例かもしれない。

日ごろおこたりがたくものせ〈らるゝ〉を、〔ここずっと、ご全快にはなられませぬことで、〕（「夕顔」巻、一―一〇二）

乳母である人（惟光の母）への敬意で、軽めの言い方。

ついでに言うと、「身づからひそみ御覧ぜ〈られ〉給ふ」（同、一—一〇二）は地の文で、「御覧ぜ」が敬意だから「らる」は受身となる。「（尼君は）自分から泣き顔を作って（源氏の君に）見られる」、の敬意。

2　敬意と使役〔す、さす、しむ〕

†四段動詞「す」を想定する

『万葉集』など上代文献に見られる助動辞「す」（四段型）には敬意がある。活用は、

基本形	未然形	連用形	終止形	連体形	已然形	命令形
す	さ	し	す	す	せ	せ

として知られるところ。活用形の未然形下接。

此（ノ）岳に、菜採《つ》ま〈す〉（＝採須）児、家告《の》らな。名告ら〈さ〉ね　（一、一歌）

朝猟《あさがり》に、今立た〈す〉（＝立須）らし　（三歌）

馬数《な》メて、朝ふま〈す〉（＝布麻須）らむ　（四歌）

吾（が）せこは―借廬《かりいほ》作ら〈す〉（＝作良須）　（一一歌）
此（ノ）山ノ、弥高《いやたか》しら〈す〉（＝思良珠）　（三六歌）
神《かむ》ながら　神さビせ〈す〉（＝世須）ト　（三八歌）
上り立ち、国見をせ〈せ〉（＝為勢）ば　（同）

とはなはだ多く、しかも非常に古くからおこなわれていたようだ。これらの事例にはいずれにも尊敬が感じられる。どのようにして敬意の機能が備わってきたのだろうか。

これらが敬意を獲得するためには、前提として、文献時代においてうしなわれている四段活用の動詞「す」を想定することになる。文法を考察する上で、ときにミッシング・リンクを想定して繋いでゆく知的操作を諒とされよ。

終止形がおなじ語形で、四段活用と下二段活用との両方を持つ動詞がいくつも知られる。

あふ（会ふ、合ふ、饗ふ）　いる（入る）　すすむ（進む）　たつ（立つ）　たのむ（頼む）
たる（垂る）　つく（付く）　わく（分く）

などには、四段活用と下二段活用とがあり、下二段のほうが他動詞になる。他動詞のほうは、みぎの語群を現代語で言うと、〈あわせる（饗応する、和える）、這入らせる、進める、立てる、頼ませる、垂らす、付ける、分ける〉というような意味になる。

それらに類推させて、「す」（サ変動詞）は多く他動詞で「させる」意味だから、それと対応する四段活用の〝自動詞〟的な「す」を想定しようというのだ。自立語である動詞があるとき自立できなくなり、助動辞となる。

四段動詞「す」（想定）→助動辞「す」（四段型、尊敬）
サ変動詞「す」（〜する）→助動辞「す」（下二段型、使役）

この想定する四段動詞「す」の内容をわれわれはまったく感知できないだろうか。じつは現代語の「する」のなかに〝自動詞〟的な用例を見つけることができる。

寒気がする　そんな気がする　暗澹とする

のような〈生理現象や感じ〉を「する」と言える。

（音が）する　（表面が）ざらざらする　〜が完成する

という言い方もできる。これらの意味を〝他動詞〟的な行為とは言いにくいだろう。〈自転する、乖離する、ふらふらする〉など、自然勢として「する」ということができる。「する」というと行為動詞の代表のように思われているが、下面にある自然勢としてのそれは非常に古いところから来ているのではないか。想定される四段動詞「す」は、

基本形	未然形	連用形	終止形	連体形	已然形	命令形
す	さ	し	す	す	せ	せ

と模式的に設定される。

†四段型と下二段型〔助動辞「す」〕

助動辞「す」には四段型と下二段型とが見られる。

下二段型活用をする助動辞「す」は、

基本形	未然形	連用形	終止形	連体形	已然形	命令形
す	せ	せ	す	する	すれ	せ（よ）

と活用する。サ変動詞の活用は下二段の変型だから（連用形のかたちが入れ替わっているに過ぎない）、助動辞「す」（下二段型）がそこから生じたことは疑いない。

下二段型活用の用例は、萌芽状態ならば早くから見られるにせよ、平安時代にはいって見るようになるそれだ。四段型（尊敬）と下二段型とで『万葉集』時代と平安時代とを分け合っているために、問題が見えにくくなっている。

いそぎ参ら〈せ〉て御覧ずるに、〔いそぎ参上させて御覧になると、〕（「桐壺」巻、一—五）

あるときには大殿籠り過ぐしてやがてさぶらは〈せ〉たまひなど、……〔あるときにはご寝所に籠り過ごしてそのまま伺候させなさりなど、〕（同）

御後見《うしろみ》だちて仕うまつる右大弁の子のやうに思は〈せ〉て率《ゐ》てたてまつるに、〔おん後見といった感じで仕え申す右大弁の子のように思わせて連れてさしあげると、〕（同、一—二〇）

と、「参ることをさせる」「伺候させなさる」「思わせる」は、いずれも「させる」状態をあらわす。使役と言われるのでよい。つまり、活用の違いによる敬意と使役との区別を『万葉集』時代と平安時代とが分け合っている。

助動辞「す」の四段型の敬意は想定される自然勢としての動詞「す」から転成してきたと見られる。想定される四段動詞「す」は、自然とする、そうなるままに置く。『万葉集』に見られたように、「採ます」は、自然なこととして採む、自然と採むことになる。「作らす」は、自然なこととして作る、自然と作《な》すに任せる。そのような経過をへて、無作為から敬意が生じてくることには無理がない。

採むことがなされる、お採みになる。作る状態がある、お作りになる。そのような経過をたどって「尊敬」という機能を獲得してきたと考えられる。

サ変のほうはほぼ他動詞だから、そのような自然となすことにはならない。したがって、そこから生じた助動辞に敬意は生じない。

†高い敬意〈最高敬語〉

サ変動詞「す」は「～する」。下二段型の助動辞「す」はそこから派生して使役「～させる」となる。それに「給ふ」が付くと、貴人《きにん》みずからへの使役となって、その結果、より高い敬意をもたらす。

人の譏りをもえ憚ら〈せ〉給はず、世のためしにも成りぬべき御もてなしなり。〔人さまの非難をまで遠慮しあそばすことができず、よくない先例にもきっとなるに違いないほどのご待遇だ。〕

(「桐壺」巻、一―四)

「憚る」に使役の「せ」が付くと、「給ふ」の尊敬性を一段と高める。桐壺帝がご自身にもったいなくも遠慮ということをさせあそばす(ここはさらに否定して「させあそばすことができない」)。自分をストップさせて遠慮する、ということができない帝。

従来の説明では、貴人が何もせずに、周囲に命じていたからだ、とされる。それで使役が尊敬になったという、やや滑稽な意見がまかり通る。そうではなかろう。貴人がみずからへ命じる。たとえば歩行について言うと、もったいなくもご自分のおみ足を使ってお歩きになる。就寝についてならば、畏れ多くもおからだに命じてお寝《やす》みになる。歩行や御寝《ぎょしん》を本人以外のだれがするだろうか。「せ」(「す」)じたいに敬意という機能はない。

「せ給ふ」という言い方は、ひとにさせる(言わせる、書かせる)ような場合もまた当然「せ給ふ」というかたちになるから、テクストからよく読み取らねばならない。

「……かことも聞こえつべくなむ。」と言は〈せ〉給ふ。〔「……ぐちの一つも申し上げてしまいそうで。」と、(取り次ぎに)言わせなさる。〕

(同、一―一五)

というようなケースとまぎらわしい。

†「さす」

「さす」は「す」とおなじようにして考えればよい。

基本形	未然形	連用形	終止形	連体形	已然形	命令形
さす	させ	させ	さす	さする	さすれ	させ（よ）

という活用からなる。

「これは、さらにさやうにさし退《の》けなどすべき御車にもあらず。」と口強《くちこは》くて、手触れ〈させ〉ず。〔「これは、さらにそのように手を下してどけるなどしてよい御車でもない。」ときつい言い方で、手を触れさせない。〕

（「葵」巻、一―二九四）

というように言う。

この「さす」（使役）が、敬語、たとえば「給ふ」と併用されると、

あまたの御方〴〵を過ぎ〈させ〉給ひて、ひまなき御前渡りに、〔たくさんのお方々（の前）を、（帝はご自分に命じて）通り過ぎさせなさって（＝通り過ぎあそばして）、ひまなきお前渡りで、〕

（「桐壺」巻、一―一六）

と、最高敬語になる。帝ご自身がもったいなくも身体を動かして女性たちのまえを前渡りなさ

る。併用されて生じる高い敬意であって、「させ」じたいに〝敬語〟性はない。

謙譲の例もまったくおなじ機制で（ややこしいが）、

この御方の諫《いさ》めをのみぞ猶わづらはしう心ぐるしう思ひきこえ〈させ〉たまひける。〔この御方（弘徽殿女御）の諫めだけが依然としてわずらわしゅう心ぐるしゅう（帝はもったいなくもご自分を低くさせて女御に対し）思い申されことよ。〕（同、一—六）

というように、「きこえ〈させ〉」は「さす」（使役）の使用によって、弘徽殿女御への高い謙譲をあらわし、「たまひ」が帝への尊敬をあらわす。「させ」は使役だから、帝がご自分に謙譲させて女御をいちだんと高める。

「させ」の〝使役〟性がのこる場合も当然ある。

母君、泣く〳〵奏してまかで〈させ〉たてまつり給ふ。〔母君は泣く泣く奏して（更衣を）退出させ申し上げなさる。〕（同、一—七）

「まかで〈させ〉」は、桐壺更衣を退出させる。帝に対して謙譲し（＝たてまつり）、「給ふ」は母君への尊敬。いずれにせよ「させ」じたいに敬意はない。

†「しむ」

使役の助動辞には、

基本形　未然形　連用形　終止形　連体形　已然形　命令形
しむ　　しめ　　しめ　　しむ　　しむる　しむれ　しめ（よ）

と活用する「しむ」があって、「し」と「む」とが結びついてできた（別の説もある）。使役と言っても、〈なすがままにさせておく、随意にさせる、放置する〉。

『源氏物語』では宇治十帖に三例のみ事例を見る。

御前に詠み申さ〈しめ〉給へ。〔（中の君の）おもとに詠じさせなされ。〕（「早蕨」巻、五―五）

重く勘当せ〈しめ〉給ふべきよしなん仰せ事（＝言）侍りつれば、〔重々処罰させなさるべきよしをのう、仰せごとがござったところで、〕（「浮舟」巻、五―二四八）

まことに出家せ〈しめ〉たてまつりてしになむ侍る。〔しんじつ、出家させ申したことでのうございます。〕（「夢浮橋」巻、五―三九五）

男性宗教者や官人の言で、使役「しむ」の用例を見る。「しむ」じたいに敬意はなく、敬語との併用で高い敬意（尊敬や謙譲）が生じることはあると思われる。ただし、『源氏物語』の限りでは用例が少なく、高い敬意が生まれるか、使役であるか、断定がむずかしい。

第六章

助辞の機能の広がり

1　助辞、助動辞の視野

†助辞の相関図

助辞は一般に言う〝助詞〟のこと。本書では助辞と言い習わすことにする。〝助動詞〟は助動辞と言うことにした。助辞は助動辞とおなじように〝機能語〟である以上、孤立せず隣りあいながら、各自の役割（つまり機能）を果たす。助辞を見渡し、それらとある種の助動辞との関係をもあわせて、一つの視野におさめる〈助辞の図〉を提示しよう（図10）。

実際に使うかどうかは別にして、格の提示に格助辞が用意されていることは大きな特徴だろう。「に」格などは不可欠だ。係助辞と終助辞とは共通する性格を持つ。副助辞は前文や句を支え、係助辞は下文へ懸かる。助動辞群（ｋｒｓｍ-立体）と接続助辞とはおもに活用語に下接する点で並ぶ。間投助辞は遊離助辞と言い換えてよいかもしれない。

図 10

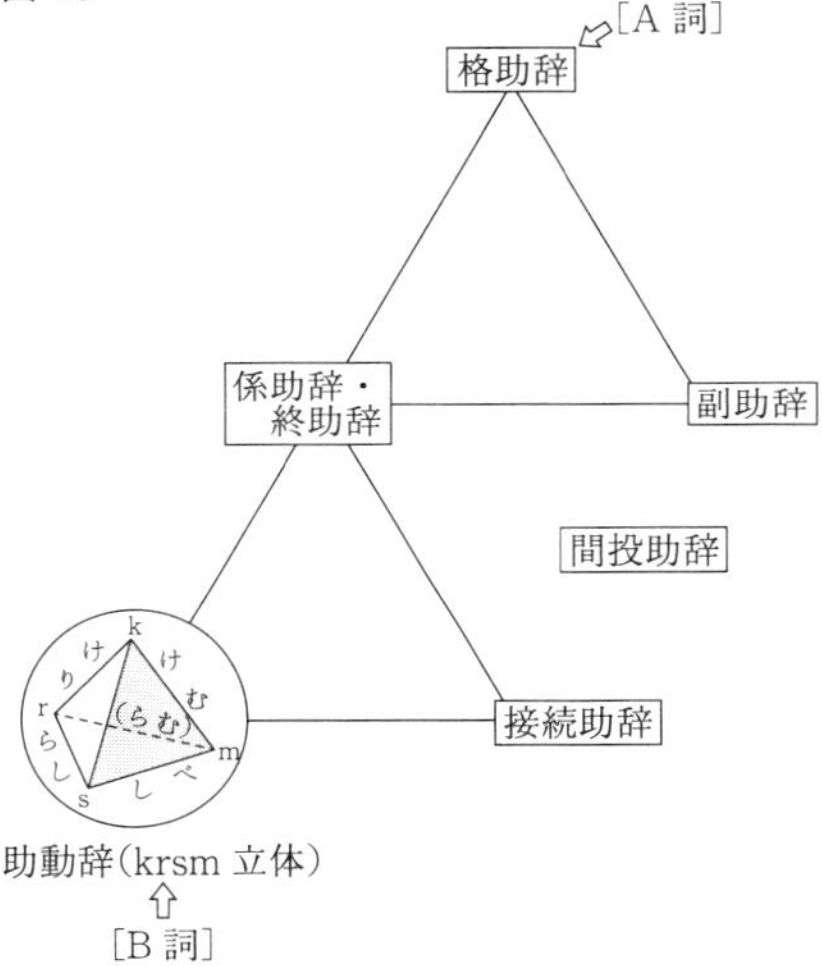

日本語文の基本はこれらの配置におさまるという関係図だと思ってほしい。

†A詞B詞と、下支えするC辞

図中の上端にA詞、下端にB詞というように向き合っている、

A詞＝名詞の類（名詞、代名詞、名詞節、名詞句）

B詞＝動態詞（動詞、形容詞、形容動詞、動態詞節、動態詞句）

という二方向から日本語文は成る。名詞の類および動態詞については次章を用意しよう。いまはその二方向を、

〈A詞B詞〉

と書きあらわしてみる。

真には〈A詞B詞〉を下から支えるC辞がその基本構造を完成させる。

〈A詞B詞〉C辞

助動辞をC-jdとし、助辞をC-jiとすると、日本語文の在り方は、したがって、

〈A詞B詞〉C-jd／C-ji

つまり、

〈名詞、動態詞〉助動辞／助辞

となる。〈A詞B詞〉とC辞（助動辞／助辞）とのあいだには〝接合子〟がボンドとして働いている、と思いたい。そのC辞が細かくちらばって日本語文を下から支える。

助動辞についてては前章までにだいたい見終えた。

助辞は〈格助辞、係助辞、終助辞、副助辞、接続助辞、間投助辞〉という六分類になる。並

立助辞（並立助詞）を『古文の読みかた』（岩波ジュニア新書）では立ててみた。「〜と〜と」の「と」、「〜や〜や」の「や」など。

2 主格を「が」が明示する

†主格の「が」

ここですこし、文法学者、三上章《あきら》に向かうことにする。「日本語では主格を表すことは格助詞「ガ」が受持ち」云々と、三上は『現代語法序説――シンタクスの試み』（刀江書院、一九五三）のなかで言っていた。これはその通りで、問題ない。

nominative（指定する）case（格）＝主格は、ヨーロッパ言語などだと動詞なら動詞に対し〝性／数一致〟を求めるなど、主格らしさがあると三上は言う。これもそのまま受け取ることができる。

「〜が」という主格表現を、日本語の学校文法では普通、〝主語〟と言い習わす。さらに日本社会では一般に「〜は」という表現を〝主語〟と称する習慣がある。いろいろと混乱がそこに生じているにせよ、ここでは「〜が」と「〜は」とを分けて、「〜が」のみを主格としよう。

日本語では〝性／数一致〟がなくとも、「が」という格助辞を持つところに大きな特徴がある。

†「主語」は要らないか

三上文法にふれ出したので、引用し直すと、

日本語では主格を表すことは格助詞「ガ」が受持ち、主題は係助詞が受持つというふうに分担がはっきり分れ、しかも格助詞と係助詞とは無関係（組合せが自由なという意味）だから、「主語」という用語を適用すべき対象が、語法事実のうちに全然見つけられない。

（同）

という。〝主題は係助詞が受持つ〟というのが「〜は」の役割を説明する言い方ということになる。theme（テーマ）が一般に言う「主題」だと言う。「〜は」はそのような取り立て（＝提題）をおこなうのだ、と。

たしかに「は」は題目として取り立てるときに使われることが多い。しかし、「は」の全用例の、さあ、三割か四割か、そのような取り立てとして使われるので、それが「は」の使用例のすべてではない。「は」を〝提題の助詞〟だと言い出したのは言語学者、佐久間鼎だとされる。それはすぐれた着眼であっても、三割か四割か、というところ。それ以外の「は」はかならずしも提題する助辞ではない。

「「主語」という用語を適用すべき対象が、語法事実のうちに全然見つけられない」と三上が言うのには、納得しかねる。subject（主語）を日本語の文法として、〝それに相当する対象〟がない、というのは、英文法に拠るならば不可欠なはずのsubject（まさに主題）を不要だと否定したことになる。日本語で「が」が欠ける場合は実際に多いにしても、「が」の出てくる場合にはsubjectがそれによって示される。日本語はそのような主格言語だと言えばきわめて正確だろう。「～が」やそれに相当する部分は主部と言う言い方をしてもよい。

†「が」格

「が」格という纏め方をしてみる。「が」としてあらわれる限りにおいて、たしかに主格（ないし所有格）だ。しかし、けっして主格を提示する際に「が」がいつも要り用なのでなく、逆に言えば主格は「が」をかならずしも必要としない。日本語は構文によって（というか、一読して）「が」がなくとも主部と述部との関係を感知できるのだから、必要なときに「が」が出てくると考えたい。

いとやんごとなき際にはあらぬ〈が〉、すぐれてときめき給ふありけり。〔たいして高貴な身分ではない（方）が、ずばぬけて優遇されておられる、（ということが）あったという。〕

（「桐壺」巻、一―四）

の、〈いとやんごとなき際にはあらぬ〉を名詞節として、それを「が」で主格化する。ぎこちない文でも、「が」が主格である以上、そう取るしかない。高貴な身分でない女性が栄えているという因果関係を言おうとすると、みぎのようになる。

むなしき御骸《から》を見る〳〵、猶《なほ》おはする物と思ふ〈が〉いとかひなければ、「灰になり給はんを見たてまつりて、……」と、（魂のなくなったご遺骸を見る見る、それでもおわするものと思うのが、まことに効果のないことだから、「灰におなりになろうのを見たてまつって、……」と、）

（同、一―九）

〈猶おはする物と思ふ〉というのが名詞節で、母君の思いが取り出されて、それをむなしいとする。取り出したことを焦点として、効《かい》ないことだと嘆く。

宮城野《みやぎの》の露吹き結ぶ、風の音に、小萩《こはぎ》〈が〉本《もと》を思ひこそ―やれ

（同、一―一二）

宮城野（宮中）を吹き荒らし、露を結ぶ風の音に、
小萩のもと（幼児）を思いやることよ

「小萩〈が〉本《もと》」は、〈小萩が（持つ）本《もと》〉という、「が」の上接語と下接語とが所有関係にある言い方で、「小萩」が所有の主格をなすとともに、幼児にとって〝の〟保護者という所有格へ移行する「が」でもある。光宮を呼び寄せようという相壺帝の贈歌。

†「の」格を認定する

朝夕〈の〉宮仕へにつけても人〈の〉心をのみ動かし、〔朝晩である宮仕えにつけても人さまの心をばかり動かし、〕（同、一―四）

と言うような、ごく普通に見る「の」であっても、朝夕が宮仕えの時であるという、「の」の下には「の」の上の語の支配するエリアが示される。「の」が単純に上の語と下の語とをくっつけるボンドでないことは分かる。上接語が〈の〉の下の語に対して支配関係にある。

いとにほひやかにうつくしげなる人〈の〉、いたう面痩《おもや》せて、「いとあはれ」と物を思ひしみながら、〔まことに匂わしくいかにも美形の人が、えらく面痩せて、「たいそう悲しい」とものの思いに沈みつつ、〕（同、一―七）

桐壺更衣が死期の迫る様相にあるところ。あるかなきかに消えなんとするそのさまを帝はご覧になる。現代語で言えば「〜が」と言ってよい〈の〉で、主格でもあり、更衣〝の〟さまでもあるから、「主格〜所有格」で一括する。日本語の場合、主格と所有格とのあいだにしっかりした境界がない。「の」について同格や並立といった説明の便宜は学校文法での在り方としてならば、あってよかろう。

・「つ」

「つ」は、「さのつトり」(『古事記』上)、「高つ鳥」(祝詞)、「湯つ磐村」(『万葉集』一、二二歌)、「かひつ物」(「須磨」巻、二一四二。名義抄に「カヒツ物」)というように、上代文献ほかに見つかる。しかし、上接語と下接語とをつなぐボンドのような事例ばかりで、正確に主格の例を知らない。所有格として固まったのだろう。

・「な」

古い助辞「な」は「の」と交替する。「た〈な〉する゛ノ調《みつぎ》」(『日本書紀』五、崇神)、「ぬ〈な〉ト」(『古事記』上)、「ま〈な〉かひ」(『万葉集』五、八〇二歌)、「神〈な〉がら」(=「神ノから」)、同、二、一九九歌)など、手《た》、瓊《ぬ》、目《ま》、神《かむ》は、いずれも単独で使われない語ばかりであり、ふしぎだ。主格の例は特に見つからない。

3 「に」格および以下の格助辞

†「に」格

「に」(助辞)は上接語が名詞(句、節)からなる場合に、場所、時間、対象などの領域で広く活躍する。〈場所、時間、対象〉以外にも、教科書はさまざまな用法を並べるものの、「に」は他の助辞と置き換わりようがなく、しかも省略できない不可欠な助辞で、「を」とともに対象格ということになる。

女御、更衣あまたさぶらひ給ひける中〈に〉、いとやんごとなき際にはあらぬが、〔女御や更衣がかず多く伺候なさってこられある中に、たいして高貴な身分ではない（方）が、〕

（「桐壺」巻、一―四）

めざましき物〈に〉おとしめそねみ給ふ。〔目障りなやつであるとさげすみ嫉視しなさる。〕（同）

「女御、更衣あまたさぶらひ給ひける中」は女性たちの配置が漠然と空間の広がりとして示される。「めざましき物」は漠然とした対象であり、ここは桐壺更衣をさげすんで物体か何かのように「物」と言う。「に」格を認定できる。

動態詞の連体形は名詞節を構成して「に」を下接する。

・「にて」

「にて」は無数に用例がある。「にて」の「に」が何であるか、「肯定なり」の連用形のようにも受け取れるケースがあって、かならずしも決定できないにせよ、のちに現代語の格助辞「で」にまで至ることはたしかなので、一般に「にて」という格助辞を認める。

このいへ〈にて〉生まれたりしをんなごの、もろともにかへらねば、〔この家で生まれてあった女子が、一緒に帰らないから、〕

（『土佐日記』、二月十六日）

一の御子は右大臣の女御の御腹《はら》〈にて〉、寄せ重く、〔第一皇子は右大臣の女御のご所生であるから、後ろ盾が重く、〕（「桐壺」巻、一―五）

「御腹〈にて〉」は、「御腹に（＝「なり」）―て」というように、「に」に活用が感じられたかもしれない。

・「で」

「にて」がンデをへて「で」となったと考えられる。

おなじ遊び女とならば、誰もみなあのやう〈で〉こそありたけれ。〔おなじ遊女というのならば、だれもみなあの（祇王の）ようでありたいよ。〕（『平家物語』一、「祇王」）

現代語「で」となって使われつづく。

†「を」格

「を」は以下のように対象を指して言うので、対象格として成立していると認められる。目的格とも言い換えられる。

a　人の心〈を〉のみ動かし、うらみ〈を〉負ふ積りにやありけむ、〔人心をばかり動揺させ、うらみを負う蓄積だったのでは、〕（「桐壺」巻、一―四）

b　人の譏り〈を〉もえ憚らせ給はず、世のためしにもなりぬべき御もてなしなり。〔人の譏

りを遠慮しあそばすことがならず、世の例にもなってしまうに違いないご待遇だ。」（同）

aは「人の心」を対象にして、それを動かす。「負ふ」の対象が「うらみ」となる。bでは「人の識り」を遠慮することができない。

「を」は省略しがたい助辞で、「を」格として早くから成立していた。

†「へ」格

「へ」の語例はたくさんあるかと思うと、「桐壺」巻に見かけない。「帚木」巻に「へと」一例、「空蟬」巻に「へ」一例……、というように、語例がきわめて少ない。

方《かた》ふたげて引きたがへ「ほかざま〈へ〉」とおぼさんはいとほしきなるべし。〔方角をふさがらせて別の方向へ変え、「ほかのところへ」とお思いになると気の毒でしょう。〕（「帚木」巻、一―六二）

「夜中に、こはなぞとありかせ給ふ。」とさかしがりて外《と》ざま〈へ〉来。〔「夜中なのにこれはどういうわけぞあって歩きあそばす。」とかしこぶってそとのほうへ来る。〕（「空蟬」巻、一―九二）

手にうち入れて、家〈へ〉持ちて来ぬ。〔手にちょいと入れて、家へ持って来てしまう。〕（『竹取物語』、かぐや姫の生い立ち）

移動動詞である「来」や「持ちて来ぬ」によって受けられる。「へ」は方向性を持ち、〈ほかざま、外《と》ざま、家〉と、すべて到着点を示す。「へ」の機能はじつにはっきりしている。古典では「へ」格というのを明瞭に認めることができる。『万葉集』にも「へ」（甲類）はめったに見かけない。「早く日本へ（＝辺）」（一、六三歌）、「木方《キヘ》往く君が」（九、一六八〇歌）〔紀伊へ往くあなたが〕、「みやこへノボる」（二十、四四七二歌）など、行く先を明示する。

†「と」格の認定

「と」は格助辞だろうか。格助辞になるまえがありそうだし、「に」とおなじように助動辞／助辞の交錯する状態も認められる。上接する語句や節を引用し、その再説、再起動、繰り返し、代行、およびその添加、敷衍、あるいは省略に従事する。いわゆる引用の「と」が圧倒的に多いから、引用格とでもいうべき格を特化する工夫があってよかろう。副助辞という扱いも可能だと思う。

はじめより「我は」〈と〉思ひ上がりたまへる御方〴〵、めざましき物におとしめそねみ給ふ。〔（宮仕えの）当初から「（一番ね）わたしは」と高くお思いのおん方々は、目障りなやつだと軽蔑し嫉視しなさる。〕（「桐壺」巻、一―四）

「我は」を受けて〈と〉が再起動を促す。

一の御子は……疑ひなき儲けの君〈と〉、世にもてかしづききこゆれど、〔第一皇子は……疑

いないお世継ぎであると、世間にたいせつにされ申されるけれど、〕（同、一―五）

第一皇子は疑念を持ちようのない世継ぎだ、そうそのようにこの上なくたいせつにお育て申すけれど、とつづく。

・「とて、とても」

限り〈とて〉わかるゝ道のかなしきに、いかまほしきは―命なりけり（同、一―八）

一期として別れる、（生死を）分かたれる、（死出の）道が悲しいのにつけて、生きたいのは命であったことだ。死出の道に行きたいのでなく

格助辞と見ず、「と」プラス「て」（接続助辞）という連語としてもよい。

「とても」は「ものゝけとても」（「葵」巻、一―三〇一）、「古歌《ふるうた》とても」（「蓬生」巻、二―一三六）など、下に否定や逆接を伴う。「と」だけで逆接になる例が『源氏物語』にあるかどうか、うまく見つからない。

†「より」「ゆり」「よ」「ゆ」

・「より」（～より、～から）

「より」の〝基本的機能〟は〈時や動作の起点〉や〈経路〉をあらわすと、どの辞書類にもある。しかし「桐壺」巻をひらくと、「より」はたくさんあるのに、なかなかそのような〝基本〟

の用法に出会わない。「桐壺」巻の、

はじめ〈より〉「我は」と思ひ上がりたまへる御方〴〵、

は〈時や動作の起点〉かもしれないが、

おなじ程、それ〈より〉下臈《げらふ》の更衣たちはまして安からず、

人〈より〉さきにまゐり給ひて、

もと〈より〉さぶらひ給ふ更衣の曹司をほかに移させ給ひて、

など、並べてみてなかなか辞書的説明と一致する事例にめぐりあわない。そこで、いろいろな用法の説明がずらずら書かれるなかから、〈比較の基準〉ぐらいを選ぶことにする。用法を一々探していたら、とてもやっていられないので、「より」は現代にりっぱに生きているのだから、そのまま「〜より」で不自由しないのではなかろうか。母君の答歌――

荒き風ふせぎし陰の、枯れし〈より〉、小萩がうへぞ――しづ心なき　（「桐壺」巻、一―一六）

荒々しい風を（以前は）防いだ（木の）陰（庇護者）が枯れたことにより、

小さい萩（若宮）の身の上について（不安で）、心が安まりませぬよ

「より」は以前の状態とそれ以後との比較を言う、〝〜からあと、〜以来〟。

・**「ゆり」「よ」「ゆ」**

かしこきや――みコトかがふり、あす〈ゆり〉や――かえがむたねむ。いむなしにして

かしこくも、命令をいただいて、明日のさきは、
萱と一緒に寝るのでは。妹《いも》のいないままで
（『万葉集』二十、四三二一歌）

という「ゆり」や、「さゐかはよ」（『古事記』中、二〇歌謡）、「さひか野ゆ」（『万葉集』六、九一七歌）の「よ」や「ゆ」というように、「より」の交替形の「ゆり」や、「り」を取り去った「よ」「ゆ」という交替形がたくさんあることはふしぎだ。

†「から」

・「から」

多くは、わが心も、見る人〈から〉をさまりもすべし。〔たいていは、こちらのきもちにしても、相手の女しだいで収拾もすることでしょう。〕
（「帚木」巻、一―四三）

原因を受けて結果を導く。結果を予想する。

「など、みかどの御子ならん〈から〉に、見ん人さへかたほならず物ほめがちなる。」と、〔「どうして、帝の御子だからと言って、（直接に）見知るような人さえ欠点がないかのように何かとほめてばかりだよ。」と、〕
（「夕顔」巻、一―一四六）

逆接の感があって、接続助辞に近い感触はある。

・「ゆゑ」

「ゆゑ」は一般に名詞という扱いながら、「から」に近い。「つらつき、まみなどはいとよう似たりしゆゑ」(「桐壺」巻、一—二三)、「又この宮とも御仲そばそばしきゆゑ」(同)など、「から」と言い換えられるかもしれない。

†「まで」「して」「もて」

・「まで」

副助辞という認定が一般かもしれない。

a　御かたち、心ばへ、有りがたくめづらしき〈まで〉見え給ふを、〔ご容貌やお心のさまがそうそうなくめずらしい限りに見られなさるのを、〕(「桐壺」巻、一—七)

b　亡き後〈まで〉人の胸あくまじかりける人の御おぼえかな。〔亡き後に至るまで人さまの思いを晴れさせなかった溺愛のなされ方であるよな。〕(同、一—一〇)

aは活用語の連体形に下接し、bは名詞を受ける。格助辞に入れてよいかと思われ、ここにかぞえておく。山田孝雄は最終的に「副助詞」説に同意するものの(『日本文法論』、助詞)、歯切れがよくない。

・「して」

門《かど》あけて惟光《これみつ》の朝臣《あそん》出で来たる〈して〉たてまつらす。〔門をあけて出て来た惟光の朝臣でもって差し上げさせる。〕（「夕顔」巻、一―一〇一）

ありつる随身〈して〉遣はす。〔さきほどの随身でもってさし向ける。〕（同、一―一〇四）

名詞や名詞節を受ける「して」は格助辞扱いでよいのではなかろうか。動詞の「して」や接続助辞の「して」もあるようで、「大空の星の光をたらひの水に映したる心ち〈して〉、……」（「蓬生」巻、二―一三二）、「君（紫上）は男君のおはせずなど〈して〉、さうぐ〳〵しき夕暮などばかりぞ……」（「若紫」巻、一―一九七）などは動詞を含むか接続助辞の例かと見られる。

・「もて」

大方の御家居も、ありしよりもけにあさましけれど、わが心〈もて〉、はかなき御調度どもなども取り失はせ給はず、〔ほぼ、おうちのさまも以前にましてひどく、沙汰の限りであるけれど、思うところあって、ちょっとしたお道具類などもなくさせなさらず、〕（「蓬生」巻、二―一四〇）

とあるような、「心もて」の「もて」はモッテ（以て）と読むのだろう。一般には「……をもて」という漢文訓読語として知られる。『万葉集』には「なにモノ〈もて〉か」（十五、三七三三歌）や「もち」の例（「みコト〈もち〉」〈十七、四〇〇六歌〉）がある。

4 「は」（係助辞）

†「が」は「は」と両立できない

「が」と「は」とに関して、両者を比較する研究は多い。「が」が格助辞であり、主格をあらわすことは明白であるのに対して、「は」にしても、現代語で言うと、

ぼくは行かない。　阿蘇火山は噴火中だ。

などという言い方に〝主語〟を感じたり、いや〝主語〟でなく〝提題〟だなどと論じたりする論議があとを絶たない。

「は」は通常、係助辞に所属させたり（古文）、副助辞に所属させたり（現代文）して、格助辞でないこととの共通認識はだいたい世におこなわれている。どう考えたらよいかということだが、観察点はテクストのなかで、「が」と「は」とが隣り合わせだと両立できない、というところにあるのではなかろうか。「が」と「は」との関係を考察するためには、一千年単位で古文から現代文までの変遷史を見渡す必要がある。見渡して不変の部位を探す。「が」と「は」との関係を見ていると、「がは」とか「はが」とかいう並べた言い方ができない、ということに気

づく。

「は」は、名詞類や、名詞節、動詞（連体形）、形容詞（同）、形容動詞（同）、副詞その他のあとに置かれる。そればかりでなく、助動辞、助辞などのあとにもしばしば置かれる。格助辞「に、を、へ、と、より、から、にて」、あるいは「の」や、「か、や、こそ」などの係助辞ほかが、「には、をば、へは、とは、よりは、からは、にては、のは、かは、やは、こそは」などと、「は」と親和して隣接できる。「は」の利用価値は提題にとどまらず（それは三割か四割程度で）、日本語文の全域に親しく広がり、種々の色彩を添える。

しかし「が」のみは「は」と親和しない。

†「が」を押しのける「は」

「が」は古文のなかで多用されていると言いがたく、「〜が」と現代語でならば言うところを、主格の場合に「〜、」（＝∅〈ゼロ〉）と投げ出すことは多い。

光源氏（、）名のみ（、）こと〳〵しう、言ひ消たれたまふ咎《とが》（、）多かなるに、

（「帚木」巻、一―三二）

現代語にしようとすると、（、）部に「が」あるいは「は」がはいろうとする。

光源氏（が）名ばかり（が）仰山で打ち消されなさる欠点（が）多いと聞くのに、

と、口訳することになる。「が」「が」……とつづくことを避けて、「が」のいくつかを「は」にすると、通りがよくなる。

光源氏（は）名ばかり（が）仰山で打ち消されなさる欠点（は）多いと聞くのに、

あるいは、

光源氏（が）名ばかり（は）仰山で打ち消されなさる欠点（が）多いと聞くのに、

と、代入できる。現代語で言えば、空いている（　）に当たる箇所に、「は」がはいってきているのか、「が」を押しのけて「は」がはいってきているのか、必ずしも決定できない。前者の場合に、「〜は」は、空いている箇所（＝Ø〈ゼロ〉）ならばはいりやすい。後者の場合には、「がは、はが」と言えず、接して両立することができなくて、「が」を押しのけながら「〜は」という言い回しとなったと見られる。

†「は」＝差異化と「も」＝同化

「は」と「も」とは係助辞と言われながら、見た目に係り結びを構成しない。これは一見、ふしぎなことだ。「は」そして「も」を係助辞と認めるものの、文末は決まっていない。参考書類に「は」や「も」を「終止形で止める」という、何だか拍子抜けの説明がなくもないのは、学習中の高校生の失望を買うかもしれない。

「は」 下文に〝差異化〟を求める
「も」 下文に〝同化〟を求める

という定義でよいのではなかろうか。文末ではないにしろ、下文に何らかの力をおよぼしつづける。副助辞に似ていても、副助辞はだいたい上文を限定する。それに対して「は」や「も」は下文へ影響を持ち込もうとするから、これはやはり係助辞のしごとだろうと思われる。

「は」はそれじたい、けっして、題目として取り立てるような特権的な位置にないと言いたい。「は」は（「が」の直前直後を除いて）どこにでもはいり込み、差異化の力をつよく働かせる。そのために、一方が一方を取り立てて、他を排除するように感じる。

「も」は反対に同化精神がつよくて、事態を曖昧にしておき、あれもこれも〝まあいいか〟というように融和させせる。取り出した事例以外に、「も」によって他の事例もあることを暗示させる。論文などで「も」を多用すると、何となく誤魔化したような作文になる。「も」の〝効用〟だろう。

「も—ぞ」「も—こそ」というかたちで「ぞ」「こそ」と併用されると、〈～すると困る〉〈～心配だ〉という危惧や懸念をあらわす。

思ひ〈もぞ〉つく、とて、この女をほかへ追ひやらむとす。〔恋心がつくといけないとて、この女をほかへ追いやろうとする。〕（『伊勢物語』、四十段）

烏《からす》など〈もこそ〉見つくれ。〔からすなどが見つけでもすると困る。〕　（「若紫」巻、一―一五八）

†文節を越える〔係り結び〕

係り結びのおさらいをしておこう。

「ぞ」（上代語「ソ」）があると、文末を連体形で止める
「なむ」（上代語「なも」）があると、文末を連体形で止める
「こそ」（上代語「コソ」）があると、文末を已然形で止める
「か」があると、文末を連体形で止める
「や」があると、文末を連体形で止める

とされる。高校生は文節分けということを習う。〈自立語と付属語（非自立語）〉という単位を文に見いだして、古文に分けいる一歩とするあれだ。その作業には合理性があるから、学習に一定の効果が見込まれる。しかし、係り結びは文節を越える。文節をいくつも乗り越えて、「ぞ」「なむ」「か」「や」や「こそ」は文末までも変えてしまう。文節分けでは説明できないことが係助辞の周辺だと起きるのだ。

「は」も「も」も文節を越えて下文に影響を与えつづける。「は」や「も」を係助辞と認定するのでよいのではないか。文節を越えて文全体を大きく縛るという統括機能は、現代語でも

「は」（や「も」）のなかに生きている。

一つの文を荷物に喩え、紐をかけてきゅっきゅっと結ぶから「かかり結び」だと、以前に私は係り結びについて説明したことがある（『古文の読みかた』）。「は」も「も」も紐のように文ぜんたいを括る。

上の文節から下の文節へ、すっとかかってゆくように見えるのを〈修飾と被修飾と〉の関係と言う。修飾というと何かを〝飾る〟感じだが、modify（修飾する）とは本来、上が下をmodifyする（変形する、限定づける）。係り結びは文節の修飾関係を越えて文ぜんたいを引き締めにかかる。文ぜんたいが引き締まるためには係り結びが有効に働く。

現代語で係り結びがうしなわれたかのように喧伝されるのは、けっしてうしなわれたのでなく、文ぜんたいにその役割が蔓延していった、と見るのがよい。文を引き締めにかかるのは深層からの力であって、現代語からその力が退潮するとは考えられない。

†周布という視野

あるひとがテクストを生産するに際して、「〜が」と書く。または「〜は」と書く。「は」でなく「が」を求めるという、意志の働きがそこにある。むろん、逆でもよいので、「が」でなく「は」と書く選択は意志の働きとしてある。

言少ななる〈が〉いとよくもて隠すなりけり。（言少なであることがたいそううまく外から見えなくするのだったことだ。」（「帚木」巻、一―三九）

について言えば、「が」はたしかに主体的選択としてある。「が」を求めるか、「は」を選ぶか、高度の一瞬の分析能力が頭中に働いたということができる。

ことはそれにとどまらないので、文末に至り、この場合は「〜なりけり」だが、これによって文ぜんたいを〈周布させる〉積極的な意志が前面に出る。この「周布」ということは、なかなか適切な術語を欠くことで、言語学者、佐久間鼎の形式論理学からこの語を借りることにしよう（『現代日本語法の研究』、厚生閣、一九四〇）。かなりねじ曲げてこれを使うことにする。

昔、数学の授業で（劣等生ながら）、微分から積分へ移行したとき、微分による精妙な分析の上に積分による全体の統一が広がるさまを、「ああっ」と思った。テクストについても、細部を統束して勢いよく行きわたる（＝周布する）動きがあって、一瞬のうちに書き手や読者にとっての真の言語世界になる。

佐久間はもともと哲学科出身の心理学徒であった。早く、近代の哲学者、西田幾多郎の教示のもとに、ウィリアム・ジェイムス（一八四二―一九一〇）の心理学の翻訳があったし、いわゆるゲシュタルト（知的経験のまとまり、形態）を日本社会へもたらしたことはよく知られる。日本語文を分析して終われりというのでなく、文の全体感をあっというまに纏めあげて受け取るわれわれのあたまのなかはどうなっているのか、ゲシュタルトからできているということだろう。佐久間は言語学へ興味を移してより、「これ、それ、あれ、どれ」(=コソアド体系)や、形式名詞(=吸着語)にかかわる鋭利な考察、そして世間がシンタクス(統語論)に冷淡であったときにいち早く先鞭をつけるなど、伝統的な文法研究からはなかなか想像できないシーンを繰り広げていった。

5 「こそ」および以下の係助辞

†疑問詞を承ける、承けない

大野晋『係り結びの研究』(岩波書店、一九九三)がだいじな表を出していて、

疑問詞を承けない
(主部で)は・こそ　　(述部で)なむ・や
疑問詞を承ける
(主部で)も・(し)　　(述部で)ぞ・か

という、たいへん厳しい法則を明らかにした。

大野は「こそ」に対応する空白部分に「し」を入れると提案する（「し」は一般に副助辞）。「し」を含めることにすると、八種の「係助詞」がみごとな配置をなす。従来は一緒くたにされてきた「や」と「か」とを決定的に分離させるなど、この表のあらわす中身は濃い。

†「こそ」

「こそ」は、万葉時代に「コソ」kösö。古代歌謡以来、語として使い回され、すり切れての変化のあることを見越しても、なお平安時代にはいり、已然形で結ぶという、係り結びはくずれない。『源氏物語』「桐壺」巻には八例を見る。三例を挙げると、

1　唐土《もろこし》にもかゝることの起こりに〈こそ〉世も乱れあしかり〈けれ〉、と……

2　さまあしき御もてなしゆゑ〈こそ〉すげなうそねみ給ひ〈しか〉、……

3　宮城野の露吹き結ぶ風の音に、小萩がもとを思ひ〈こそ〉〈やれ〉

と、これらは1・2が原因や理由を取り出す。

1はいろいろ乱世の原因のあるなかから差異化する。

2も桐壺更衣の迫害される理由を寵愛ゆえだと、他から差異化する。

3は和歌の事例で、「思ひやる」をほかでもなく若君のことを思いやるのだという思いを「こそ」で示す。

「こそ」がどうして已然形で句末を承けられるのか。「ぞ、なむ、や、か」について「転置」を認めるならば、「こそ」についても、「転置」説の可能性をたえず見ておくべきだ。「ぞ」なら「ぞ」は、「〜なるぞ」というような文末から、「〜なる」を切り離して「ぞ」だけが上へ上へと昇り出し、「ぞ〜なる」（連体形止め）になる。「なむ」も「や」も「か」も、同様にして文末にあったのが、上へ上へと転置されて係助辞になる。「こそ」は「〜なれこそ」というような文末だったのが、「〜なれ」を置いて文中ないし句中に位置を占めるに至ったということではあるまいか。大野のそのような考えを認めるとすると、已然形（動詞の場合）と「こそ」との結びつきのつよかった史前時代を想定することになろう。

†「ぞ」

御子をばとゞめたてまつりて、忍びて〈ぞ〉出でたまふ。〔お子をば宮廷にとどめ置き申して、内々に退出しなさる。〕（「桐壺」巻、一―七）

……焼く塩ノ―念ひ〈ソ（曾）〉―焼くる。吾（が）下情《したゴコロ》（『万葉集』一、五歌）

焼く塩のごとく、思いが焼け焦げるよ。私の心の奥の思い

「ぞ」はもと文末にあったのが「転置」され、文中にのぼってきたと言われる。係り結びをする場合、連体形文末になった理由は、もと「〜なるソ」のようなかたちだったから、とか（異

論もありうる)。文中に投入されるや、前後を緊張させ、文末で係り結びを発生させる。万葉時代に「ソ」sö あるいは「ゾ」zö。

†「なむ」(=なん)

勅使来てその宣命《せむみやう》読む〈なん〉、かなしき事成りける。〔勅使が来てその宣命を読むのはのう、かなしいことであったるよ。〕(「桐壺」巻、一―九)

というように、文末を係り結びとする。宣命に「となモ」「てなモ」「みなモ」というように出てくる古い係助辞で、

食国《をすくに》の法《ノリ》も傾く事無く動く事無く渡り去かむと〈なモ〉念ほし行《め》さくと詔りたまふ命《おほみコト》を、(『続日本紀』四、三詔)

とある。『万葉集』の一例〈なも〉(=奈毛)は諸本一致して異同がないにもかかわらず(『万葉集』十二、二八七七歌)、「しも」と改訂して消してしまった校注本があり、残念。

「なむ」「なも」はたしかに詩歌に見ることがなく、平安和歌にもあるかどうか、見られないのではないかと思う。会話文に多いと言われるけれども、「なむ」「なん」を『源氏物語』の地の文にいくらも見ることができる。

係り結びをする場合、連体形文末が期待される。

†「か」（疑問）と「や」（疑念）

・「か」（〜か）

わぎもこが、いかにおもへ〈か〉—ぬばたまノ、ひトよもおちず、いメにし—みゆる

（『万葉集』十五、三六四七歌）

わたしの女がね、どんなに（深く）思ってくれるからなのかね、
ぬばたまの（枕詞）一晩もかかさず夢にええ、出てくるのさ

泣く〱も—けふは—わが結ふ下紐を、いづれの世に〈か〉—とけて見るべき

（「夕顔」巻、一—一四四）

泣きながらも（それでも）本日は自分で結ぶ下紐を、（今生、後世）どちらの
世界で（その紐が）とけて（あなたに）逢うことができるのか

大野晋の言うように、「か」の上には疑問詞（「いかに」「いづれの」……）が来て文末を連体形で結ぶ。「や」の場合には、原則として疑問詞が上に来ない。

・「や」（〜では、〜かしらん）

安《やす》ノ野に独《ひとり》〈哉《や》〉—飲まむ。友無しにして

（『万葉集』四、五五五歌）

安の野にひとりで飲むことになるのでは…… 友なしでもって

琴の音も―月も―えならぬ宿ながら、つれなき人を引き〈や〉―とめける

（「帚木」巻、一―五二）

琴の音も月もことばになりません、満点の宿でありながら、

薄情な男を（「弾く」ではないが）引きとめなかったのではないの？

といった感じの、「～ということでは？　～かしらん！」と現代語で言えばよいか。「か」がなお現代に生き延びているのに対し、「や」はいまに雲散霧消してしまった。滅んだ古語を正確には復元できない以上、「か」と「や」との差異はわれわれの最も学習しづらい暗部にさし放たれている。連体形で結ぶ。

†「かは」「やは」（反語）

疑問文や疑念をあらわす言い方を使って、つよい否定にすることがあり、それを反語と言う。「かは」「やは」というように「か」や「や」に「は」を併せることが多い。

あしわかの浦にみるめは―かたくとも、こは―たちながら返る波〈かは〉

（「若紫」巻、一―一八四）

葦の芽ぶく和歌の浦に、みるめ（海藻）は生えにくくとも、逢いがたくとも、

これは（寄せてただちに）返る波（私）とお思いかよ

いづれの御方も、「我、人におとらん」とおぼいたる〈やは〉ある。〔どなたさんも、「私って、人よりだめねえ」とお思いになっている方なんていらっしゃるのかしらん。〕（「桐壺」巻、一―一二）

†「な」（禁止）

「〈な〉……」「〈な〉……そ」「〈な〉……そね」の「な」は、係助辞という扱いをされることがある。文末に「そ、そね」が来る場合以外では連用形の係り結びが期待される。

かう心憂く〈な〉おはせそ。〔そのようにいやがってばかりでいらっしゃるな。〕（「若紫」巻、一―一九五）

吾（が）大王《おほきみ》、物莫御念《もの（な）おもほし》。〔私の大王よ、もの思いめさるな〕（『万葉集』一、七七歌）

6 副助辞〔限界や範囲の線引き〕

副助辞類は語関係にさまざまなニュアンスのラインを引く。現代語で言うと、「〜ぐらい、ほど、ばし、だけ、たら、きり（ぎり）、まで、でも、しか、やら、なりと」など、かず多くある。格助辞と分け切れない場合もある。多くは名詞の類のあとに添加されて、それらの意味を厳密にしたり曖昧にしたりする。限界や範囲の線引きを行って、ときに逸脱もある。精神活動の微妙感を引き受ける。

・「ばかり」

くれまどふ心の闇も耐へがたき片端をだに晴るく〈ばかり〉に聞こえまほしう侍るを、
〔行きくれて惑う心の闇も耐えがたい片端をなりと晴るかす程度にお話し申したくござるのに対して、〕

（「桐壺」巻、一―一三）

なべて世のあはれ〈ばかり〉を問ふからに、誓ひしことと神や―いさめむ

（「朝顔」巻、二―二五六）

一通り世間の悲しみ程度を見舞う（という理由）で、（かつて）誓った言葉（に背く）と（賀茂の）神が咎めるのではと、広い使用が認められる。「晴るく〈ばかり〉に」は終止形接続の「ばかり」で、鬱屈した思いを晴らすことができそうな程度に、と推量のきもちがこもる。「程度」とは、ラインを越えない程度に、の意。ラインからの逸脱を含むかもしれない。朝顔のうたは源氏への返歌としてである。

・「のみ」

人の心を〈のみ〉動かし、うらみを負ふ積りにやありけむ、

（「桐壺」巻、一―四）

それにつけても世の譏り〈のみ〉多かれど、

（同、一―七）

秋風にしばしとまらぬ露の世を、たれか―草葉の上と〈のみ〉見ん（「御法」巻、四―一七一）

秋風に少しもとどまらない（はかない）露の世を、

だれが草葉の上のこととだけ見ようか

と、種々の語に付き、取り立てて他を排除する言い方を特徴とする。「～の身」と言われる語源説は、正しいかどうか分からない。

・「さへ」

先の世にも御契りや深かりけむ、世になくきよらなる玉のをの子御子〈さへ〉生まれ給ひぬ。〔先の世にもお約束が深かったのかしらん、絶世、凄美の男の御子までもがお生まれになってしまう。〕（「桐壺」巻、一―五）

初瀬川―はやくのことは―知らねども、けふのあふ瀬に身〈さへ〉流れぬ（「玉鬘」巻、二―三五四）

初瀬川の流れが速い、そのように早い昔のことはわからないけれど、

今日の再会に、（涙で）身までもが流れてしまう

添加する機能と言われる。「世になくきよらなる玉のをの子御子〈さへ〉」は、契りの深さの上に、さらに玉の男子誕生が添加される。玉鬘の作歌は泣かれることに身の流れることを添える。〈さらに、さらなる、新たに、かさねて〉という添加を言う。「添へ」だから「さへ」だ、

という、語呂合わせのような説明を聞くことがあるのは、証拠がないと思う。上代語は「さへ」(へ＝乙類)。

・**「だに」**

御覧じ〈だに〉送らぬおぼつかなさを言ふ方なくおぼさる。〔せめて見送りすらあそばさぬ不安を声に出して言うすべなくお思いになる。〕

(「桐壺」巻、一―七)

心から春待つそのは―わがやどのもみぢを風のつてに〈だに〉見よ

(「少女」巻、二―三二五)

心底から春を待つ苑(紫上がたの庭)は、こちら(秋好中宮がた)の住まいの紅葉を、せめて風(が運ぶ)便りになりと御覧あそばせ

「御覧じ〈だに〉送らぬ」は重態の桐壺更衣が退出するのを、引き止めることはできなくとも、せめて見送りはしたい。その見送りすら帝には十分に許されない。神聖な、タブーのかかっている帝には病人を十分に見送ることもならない。

「心から」のうたは美しい紅葉のさかりを見に来られずとも、せめてそちらへ散りゆく葉っぱだけでも御覧あそばせ、という春秋争い。(うたに敬語は出ない。)

実現不可能性と、現実や現状とのあいだで、せめて～だけでも、と願う。実現できたり、それすら実現できなかったりする。

・「すら」

一重ノミ、妹《いも》が結ふらむ帯を〈尚《すら》〉、三重（に）結ふべく吾が身は―成り（ぬ）

（『万葉集』四、七四二歌）

一重だけにしてあの子の結んでいるでしょう、その帯でさえ、

三重に結ぶことができる。げっそりぼくのからだは痩せちまう

炎《あぶ》り干す人も―在れやも―家人《いへびと》（ノ）春雨〈すら〉を間使《まづか》ひに為る

（同、九、一六九八歌）

あぶり乾かす人なんているのかしらと、うちの奥さんが、

春雨でさえ（心配して）使いの者を寄越しまする

『源氏物語』に見えない語で、『万葉集』や漢文訓読に出てくる。「そら」となるときもある。

・「づつ」

二の町の心やすきなるべし、片端〈づつ〉見るに、（二流の心やすい女性たちであるのだろう、片っぱしから見ると、）

（「帚木」巻、一―三四）

一つ二つという時の「つ」をかさねる。それならば「つつ」あるいは「つづ」でよいが、「つつ」が上接の語から連濁して「づつ」となった。『万葉集』には見られない。

・「ながら」

わが御心〈ながら〉、あながちに人目おどろくばかりおぼされしも、〔ご自分の心ながら、強引に人目をおどろかすばかりお思いになったのも、〕（「桐壺」巻、一―一四）

結果を予想することから、逆接を含む接続に重点が移る。動詞の連用形や「かく」などに付く場合には接続助辞になる。

・「など」「なんど」

中納言の君、中務《なかつかさ》〈など〉やうのおしなべたらぬ若人《わかうど》どもにたはぶれ事（＝言）などの給ひつゝ、〔中納言の君や中務などのような、通り一遍でない若女房たちにたわむれことばなどをおっしゃりながら、〕（「帚木」巻、一―六一）

「中についても、女の宿世はいと浮かびたるなんあはれに侍る」〈なんど〉聞こえさす。〔「なかんずく女の宿世はまことに定めなきがのう、あわれでござる」などと申し上げる。〕（同、一―六五）

前例は葵上づきの若女房から二人、例示的に取り上げる。彼女たちが将来、召人（手つきの女性）になってゆくのだろう。あとの例は会話文が紀伊守《きのかみ》の言で、それを引用して「なんど」が受ける。

「など」「なんど」は「何《なに》と」の転で、「など」とあってもナンドと訓むらしい。副詞の「など」とかかわり深いと見られる。

・「し」（強意）

結びつる心も―深き元結《もとゆ》ひに、濃き紫の色〈し〉―あせずは

結んだばかりの思いも深く、祈り込めてある元結いに、(その)

濃紫色が褪せない限りは

(「桐壺」巻、一―二五)

大野晋『係り結びの研究』は係助辞について、「は」―「も」、「なむ」―「ぞ」、「や」―「か」とペアであるのに対し、「こそ」にもペアになる語があるのでないかを探して、「し」に到達していった(二〇三ページ参照)。一般には副助辞の扱い。『万葉集』では、「ソコ〈し〉―恨めし」(一、一六歌)、「倭《やまト》〈し〉―念ほゆ」(同、六四歌)など。

・「しも」「しぞ」

「しも」「しぞ」は「し」に「も」(係助辞)あるいは「ぞ」(同)がついたので、「し―も」「し―ぞ」と二語にわけるのがよい。教科書などで一語とするので、掲げておく。

やう〳〵思ひしづまるに〈しも〉、さむべき方なく耐へがたきは、(だんだん思ひ静まるときに限って、冷める方法もなく耐えがたいことは、)

(同、一―一一)

『万葉集』にも多く見られる。「ももか〈しも〉―ゆかぬまつらぢ」(同、八七〇歌)、「みやこ〈しゾ〉―もふ」(五、八四三歌)など。

・「い」

ひらかたゆ、ふえふきノボる。あふみノや―ケなノわくご〈い〉―ふえふきノボる

枚方より、笛を吹いて上京する。近江のええ、けなの若い衆がよう、笛を吹いて上京する

（『日本書紀』十七、継体、九八歌謡）

名詞の下に付いて、副助辞扱いでよいにしても、文末に向かって勢いをつける、多分に係助辞性があると感じられる。古代歌謡から見られる古めかしい助辞。

7 接続助辞

†活用形に下接する

活用語の活用形に固有の接続をする類を接続助辞と認めて一括りにする。助動辞の連用中止形からの転成や「ものゆゑ」のような複合形を含む。

・「ば」（～ならば）

未然形に下接する「ば」で、「は」に amu が付く（一四一ページ）。

心よりほかに散りもせ〈ば〉、〔意に反して外部に流れもするならば、〕

（「帚木」巻、一―七四）

「せば」は si（し）-amu-pha（は）→se-ba という流れで成立する。「ば」は順接の仮定条件と

言われる。

・「て」(〜て、〜して)

いよ〳〵あかずあはれなる物に思ほし〈て〉、(いよいよ飽きることなくいとしいやつと思いあそばして、)

(「桐壺」巻、一―四)

「つ」の連用形が固溶化して接続助辞になった。ただし、「ずて、べくて、などて、かうて、とて、にて」などをどう説明するか、未解決領域にある。

・「して」(〜で)

穂に出でぬ、もの思ふらし。しのすゝき。招くたもとの露しげく〈して〉

(「宿木」巻、五―九四)

どうやら表面に出ない物思いみたいですね。すすきの穂が(隠れながら、あなたを)手招きする、(それで)袖の露が頻繁で

格助辞としても「して」を認定できるから(一九四ページ)、統一できるかもしれない。形容詞の連用形などに付く。

・「で」(〜ないで)

なめしとおぼさ〈で〉らうたくしたまへ。(無礼とお思いにならないで可愛いと思ってくだされ。)

(「桐壺」巻、一―二三)

折ら〈で〉過ぎうきけさの朝顔　（「夕顔」巻、一―一一〇）

折らずには通り過ぎにくい、けさの朝顔だ

けっして「ずて」の転化でなく、

思ひ河、絶えず流るゝ水の泡の―うたがた人にあは〈で〉消えめや　（『後撰集』九、恋一、五一五歌）

思いの河に絶えず流れる水の泡、うたがた。そのようにうたがた、
けっして、人に逢わずして消えようか　（「うたがた」に〈水の泡〉と〈けっして〉とを懸ける。）

の「あは〈で〉」は、「あふ」にアニが付いて、apha- (a) ni-te（あはアニて）から来た（→apha (n-) te →aphade)〔n-te →de〕。

・「ながら」（～しながら、～のままで）

思ひたまへ〈ながら〉、〔思わせていただくままに、〕　（「桐壺」巻、一―一三）

連用形に下接する。

・「つつ」（～しつづけて）

あやしき態をし〈つつ〉、〔けしからぬわざをしいしい、〕　（同、一―一六）

動作の継続や反復をあらわす。連用形に下接する。

・「がてら」「がてり」（～しながら、～ついでに）

いかが思へるとけしきも見〈がてら〉、（「帚木」巻、一―四八）

山（ノ）辺ノ御井を見〈がてり〉、（『万葉集』一、八一歌）

連用形に下接する。

・「も」

うき身を覚めぬ夢になして〈も〉（「若紫」巻、一―一七六）

つらいこの身を覚めない夢とするにしても

うたの文末だが、接続助辞と見たい。直前の「て」を「つ」の連用形と見て、

・「なへ」「なへに」（～の上に、～につれて）

宜し〈なへ〉、神さビ立《たて》有り（『万葉集』一、五二歌）

いかにもふさわしいさまで神々しく立ちある

「のうへに」→「なへに」だろう。「なべに」ではない。終止形に接する。

・「とも」（たとい～としても）

あたかたきなり〈とも〉、〔たとい敵仇であるとも、〕（「桐壺」巻、一―一九）

逆接の仮定条件と言われる。終止形に接する。

・「ものゆゑ（に）」「ものの」「ものから（に）」「ものを」

月は有り明けにて、光をさまれる〈ものから〉、〔月は空にのこって、光を失うものの、〕
（「帚木」巻、一―七一）

さりとて人に添はぬ〈ものゆゑ〉
だからといってあの人に寄り添いなんかしないのに
（『古今集』十一、恋一、五二八歌）

つれなくねたき〈ものの〉、〔すげなくねたましいけれど、〕
（「夕顔」巻、一―一〇八）

連語からできた接続助辞で、連体形に下接する。だいたい逆接となる。

・「ば」（〜から、〜ので）

取り立ててはかぐ〵しき後見《うしろみ》しなければ〈ば〉、〔ことさらに目立つ後ろだてがないから、〕
（「桐壺」巻、一―五）

非常に古くから「は」（係助辞）が已然形に下接し（あるいは「は」という接続助辞を想定してもよい）、文中なので濁音化したかと思われる。順接の確定条件と言われる。

・「ど」「ども」（〜けれども、〜といえども）

いとはしたなきこと多かれ〈ど〉、〔えらく中途半端なことが多いけれど、〕
（同、一―四）

逆接の確定条件と言われる。

†「に」「を」および「が」について

いとあづしくなりゆき、物心ぼそげに里がちなる〈を〉、〔たいそう病篤くなってゆき、物心ぼそそうに里がちであるのを、〕（同）

楊貴妃のためしも引き出でつべくなりゆく〈に〉、〔楊貴妃のためしも引き出だしかねないほどになってゆくのに対して、〕（同）

『源氏物語』に見る限りで、これらの「に」「を」は格助辞扱いでよい。ところが後期の物語になると、「接続助詞」と見なす教室での扱いとなる。ついで『源氏物語』のこの種の「に」も「を」も「接続助詞」扱いをされるに至る。

「が」も『源氏物語』を始めとして、格助辞らしさをずっと保つ。後世になり「接続助詞」扱いされることがある。事例を探すと、辞書などに『大鏡』の「重光卿、御むすめの腹に女君二人、男君一人おはせし〈が〉、この君たちみなおとなび給ひて」のようなのを見る。しかし、この事例にしろ、「〜いらっしゃったのが」と取って格助辞と見なすので不都合がないのではないか。

なぜ今日の古文の勉強で、「が」なら「が」という「接続助詞」を導入するのだろうか。古代語の終りにともない、終止形が連体形に取って代わられると、口語で「〜するのが」という言い方が成立する。それまでの「〜するが」(文語)の持っていた機能がうしなわれる。「〜するが」が口語として再利用される時に、現在の「接続助詞」としての「が」(逆接や保留)という理解が生じた(シャルル・アグノエル「文語における助詞「が」のはたらきについて」『早稲田大学大学院文学研究科紀要』一〇、一九六四・一二)。

いわゆる「接続助詞の「に」」も、「接続助詞の「を」」も、口語の「〜のに」「〜のを」の成立とともに、古文に「接続助詞の「に」」「接続助詞の「を」」があるかのように感じられた、ということだろう。

8 間投助辞〔投げ入れる助辞〕

間投助辞は遊離し、孤立的で、〝囃し詞〟由来や感動詞(感投詞)その他からの発生が考えられる。終助辞のいくつかとは接近している。終助辞とまぎらわしい場合がある。

・「を」

うはべのなさけはおのづからもてつけつべきわざ〈を〉や。〔そとから見える風情はきっと自然に身につけられることでええ、ありますよな。〕 (「帚木」巻、一―四一)

さりとも、あこはわが子にて〈を〉あれよ。〔そうとしても、おまえはわたしの子でええ、おれ

よ。」（同、一―七三）

なやましければ、忍びてうちたゝかせなどせむに、ほど離れて〈を〉。〔気分がすぐれないので、内々に（肩や腰を人に）叩かせなどしたいから、ちょっと遠いところで、はい。〕（同、一―七五）

・「わ、ゑ」

かづきせな〈わ〉〔潜水しよう、わぁ〕（『古事記』中、仲哀、三八歌謡）

えくるしゑ〔苦しいよ、えい〕（『日本書紀』二十七、天智、一二六歌謡）

・「や」「よ」

「や」も「よ」も、もともと歌謡などに間投する（投げ入れる）囃し詞の類ではなかったか。係助辞や終助辞として文法体系へ取り込まれてゆく。

・「ら、ろ」

荒野〈ら〉に、里は―有れドモ、大王《おほきみ》ノ敷きます時は―京師《みやこ》ト成りぬ（『万葉集』六、九二九歌）

わが里は荒野の原でありますけれども、
大王の支配なさる時には都になってしまいます

くさかえノ、いりえノはちす、はなばちす、ミノさかりびト、トモしき〈ロ〉かモ（『古事記』下、雄略、九五歌謡）

日下江の入り江の蓮は、花蓮。（いまを盛りと咲きほこる）
身の壮《さか》りびとよ、あら、うらやましい限りで

・「わし」
新羅斧《しらキをノ》、落とし入れ〈わし〉
新羅製の斧を落とし入れて、わいわい
（『万葉集』十六、三八七八歌）

9　終助辞〔文末の助辞〕

終助辞は、係助辞とほぼおなじ根から生まれたそれらが一角を占めて、文中にあれば係助辞となり、文末に来ると終助辞となる。活用形にしっかり下接する終助辞と、種々の語から比較的離れて置かれる終助辞と、二種あるように見られる。

†未然形に下接する

・「ばや」（自己希望）
なづさひ見たてまつら〈ばや〉。〔なつき親しみ申したい。〕
（「桐壺」巻、一―二三）
そこにこそ多く集へ給ふらめ。すこし見〈ばや〉。〔お前さんのところにはそれこそ（女文を）た

んと集めていらっしゃるでしょうよ。すこし見たい。〕（「帚木」巻、一―三四）

助辞「ばや」は「〜ば・や」（連語）から成長してきたので、「〜ば・や」が「ばや」になるまでの距離には新語成立のドラマがあろう。「見ばや」は「見るならばだ」と、仮定に係助辞の付いた言い回しが、すっかり自分の願望を言う言い方へと変わる。新語が発生するとはそういうことだろう。

・「なむ」「なも」（他者希望）

惟光とくまゐら〈なん〉とおぼす。〔惟光よ、早くやって来い、とお思いになる。〕（「夕顔」巻、一―一二六）

「まゐらなむ（＝なん）」は「まゐらな―も」の転で、「来てくれよ、な」。「なも」から「なむ」へと音韻変化して、助動辞化する。未然形に下接する。

・「な、ね」（期待）

家告ら〈な〉、名告らさ〈ね〉。

おうちを告げなよ　名をおっしゃいましね

（『万葉集』一、一歌）

†連用形に下接する

・「そ」（な〈禁止〉の呼応）

手な残い給ひ〈そ〉。〔一曲もお残しになるな。〕（「帚木」巻、一―五二）

・「なむ」（会話文などの文末）

心肝も尽くるやうに〈なん〉。〔思慮も気力も終わるようでのう。〕（「桐壺」巻、一―一一）

事例が非常に多いので、終助辞と見なしておく。

・「こそ」（願望）

よるノいメにを、つギてみえ〈コソ〉

夜の夢にええ、絶えずあらわれてくだされ（『万葉集』五、八〇七歌）

†終止形に下接する

・「や」（詠嘆）

言ふかひなし〈や〉。〔言うかいがないことよ。〕（「桐壺」巻、一―一六）

・「や」（疑念、反語）

長き世を契る心は結びこめつ〈や〉

幾久しい（男女の）仲を約束する心は結び込めたかしらん（同、一―二五）

・「な」（詠嘆）

げにいづれか狐なるらん〈な〉。〔まこと、どちらが狐なのかな（こうしているのは）。〕

・「な」（禁止）

くちをしう思ひくづほる〈な〉。〔残念にも断念するな。〕

（「夕顔」巻、一―一五）

（「桐壺」巻、一―一三）

†連体形に下接する

・「か」（疑問）

紀伊守《きのかみ》のいもうともこなたにある〈か〉。〔紀伊の守の姉妹もこちらにおるか。〕

（「空蟬」巻、一―八八）

†已然形に下接する

・「やも」（疑念、反語）

昔（ノ）人に亦も―相はメ〈やも〉

昔の人にふたたび会うなどできないのでは

（『万葉集』一、三一歌）

†名詞の類に接続し、また独立性のつよい終助辞

・「は」

濃き紫の色し—あせず〈は〉　（「桐壺」巻、一—二五）

濃い紫の色が褪せないならば

・「も」

百磯城《ももしキ》ノ—大宮処、見れば悲し〈も〉　（『万葉集』一、二九歌）

百磯城の（枕詞）大宮どころは見ると悲しい、ああ

・「かな」

人の御おぼえ〈かな〉。〔人のおん思われであるか、ああ。〕　（「桐壺」巻、一—一〇）

・「かも、か」

水激《ソソ》く—滝ノ宮こは—見れド飽かぬ〈かも〉　（『万葉集』一、三六歌）

みなそそく（枕詞）滝の離宮は、見ても飽かぬのか、ああ

・「よ」

行く末かねて頼みがたさ〈よ〉　（「夕顔」巻、一—一一八）

行く末を前もって頼りにできませぬよ

・「もがな」「にもがな」「ともがな」

尋ねゆくまぼろし〈もがな〉　（「桐壺」巻、一—一六）

（幽暗界へ）尋ねてゆく幻術師が欲しいよ

やがてまぎる〻わが身〈ともがな〉　（「若紫」巻、一—一七六）
そのままぎれいって（消える）わが身としてありたい
常〈にも冀《がも》な〉　（『万葉集』一、二二歌）
いつもであってほしい

†節末、句末に付ける

・「な」
げに入りはてでものたまへかし〈な〉。（なるほど（居室に）すっかりはいってからおっしゃれよな。）　（「賢木」巻、一—三八七）

・「ぞよ」
いまはさは大殿籠るまじき〈ぞよ〉。（いまはそのように寝みあそばしてはなりませぬぞ、ええ。）　（「若紫」巻、一—一九四）

・「ぞ」
かれは誰《たれ》が〈ぞ〉。（それはだれのものか。）　（「賢木」巻、一—三八八）

・「（に）こそは」
さもありぬべきありさま〈にこそは〉、（きっとそうであったに違いないありさまであるよな、それ

こそ、〕

（「夕顔」巻、一―一二一）

・「かし」（〜よな）

さは思ひつ〈かし〉、と〔そんなことと思った通りよな、と〕

（「桐壺」巻、一―九）

念を押す感じ。

・「てしかな」「にしかな」（〜たい）

又さやかにも見〈てしかな〉と、〔もう一度はっきりと（文面を）見たいことよと、〕

（「帚木」巻、一―三九）

「て―し―かな」「に―し―かな」に含まれる「し」（過去）によって、こうしたかった、ああしたかった、というつよい希望の感情が生じる。「てしかな」「にしかな」のような複合語を終助辞にかぞえる考え方がしばしば行われるので、挙げておく。

第七章　品詞と構文

1　C辞が包むA詞B詞

†品詞について

「はじめに」に書いたように、助動辞たち、助辞たちの多く、それに基層的な語彙のいろいろは、史前史の数千年、いや、それ以上を越えてやってきたろう。八品詞および助動辞／助辞は、長い歳月のさなかから時間をかけて決まってき、われわれの眼前にあらわれるべくしてあらわれたのであって、知りたいいわば文法の〝摂理〟は、それら八品詞、助動辞／助辞、ならびにそれらの結びつきの解明——統語論的考察と言うか——じたいに、最も有効な体系として詰め込まれている、と言ってよい。

八品詞は、本書に限って、

名詞〈代名詞・数詞〉、動詞、形容詞、形容動詞、副詞、連体詞、接続詞、感動詞

の八種とし、

助動辞、助辞

を二品辞とする。A詞が名詞の類、B詞が動詞／形容詞／形容動詞、C辞が助動辞／助辞となり、その他（副詞など）がある。

従来通りの十種の品詞分類では「助動詞、助詞」が品詞となる。『言語学大辞典』6の「品詞」（〈英〉parts of speech 〈仏〉parties du discours 〈独〉Wortklassen）の項目を見ると、

国文法では、普通、名詞・動詞・形容詞・形容動詞・連体詞・副詞・接続詞・感動詞・助動詞・助詞の10品詞を立て、英文法では、普通、名詞（noun）、形容詞（adjective）、代名詞（pronoun）、動詞（verb）、副詞（adverb）、前置詞（preposition）、接続詞（conjunction）、間投詞（interjection）の8品詞に分け、このほかに、冠詞（article）と数詞（numeral）を加えて10品詞とする場合もある。

とある。日本語の詞／辞の区別を英文法に応用するならば、auxiliary（助動詞）は〝助動辞〟として独立させてよいように思える。preposition もぜひ〝前置辞〟としたい。

†文の成り立ち

〔A詞B詞〕を下からC辞が支える。C-jd は助動辞、C-ji は助辞で、したがって日本語文の

在り方は、

〔A詞B詞〕C-jd／C-ji　〔A詞B詞〕C辞

〔名詞、動態詞〕助動辞／助辞

となると、そのように提案してみた（一七九ページ）。

本章では自立語である〔A詞B詞〕に向かう。

A詞＝名詞の類（汎名詞）

〔名詞句、名詞節を含む〕

B詞＝動態詞（動詞、形容詞、形容動詞）

〔動態詞句、動態詞節を含む〕

C辞は表面上、見えないこともあり、その場合にはØ（＝ゼロの意）と記号化する。

・「何がどうする」（動詞文）

「桐壺」巻冒頭から、切り出してみると、

〔「〈いとやんごとなき際にはあらぬ（A詞）〉が（C-ji）すぐれてときめきたまふ（B詞）」

（A詞）あり（B詞）〕けり（C-jd）。　（「桐壺」巻、一―四）

となって、これは複文（従属節を持つ文）の文例となる。

〔「〈A詞〉C-ji B詞」A詞B詞〕C-jd

二文に分けると、

〈いとやんごとなき際にはあらぬ〉がすぐれてときめきたまふ　――文例1

と、

「〈いと……にはあらぬ〉が……たまふ」あり」けり　――文例2

とから成る。

文例1は〈いとやんごとなき際にはあらぬ〉が名詞節で、「が」(C-ji)が出てきて主格を構成する。ここには出てくるが、「が」が表面に出てこないことは少なくない。実際に出てこなくとも、構文上、主格が構成されていればよい。

「ときめきたまふ」が動態詞で、ここは動詞プラス補助動詞から成る。

文例2は「いと……たまふ」を主格とし、「あり」が動態詞をなす。全体を「けり」(C-jd)が押し包む。

・**「何がどんなだ」**(**形容詞文**)

この君をばわたくし物に思ほしかしづき給ふこと限りなし。〔この君(光宮)をば私蔵っ子として溺愛なさることが限りない。〕

(「桐壺」巻、一―五)

というように、動態詞が形容詞から成る。

……思ほしかしづき給ふこと(A詞)〈ガ〉(C-ji)限りなし(B詞)〈C辞(∅)〉。

「限りなし」の内部も「限り」（A詞）と「なし」（B詞）とから成る。

・「何が何だ」（名詞文）

〔A詞〕は格助辞とともにあるほかに、述部にもなりうる。

御局は桐壺《つぼね》なり。〔（桐壺更衣の）御局は桐壺である。〕（同、一―六）

を一文と見なす。短文（あるいは単文）なのに、いかにも日本語文らしくある。構文が二通り、隠れていたり、出ていたりする。というより、構文が〝二重〟になっているのではなかろうか。

〔御局（A詞）〈Ø＝ガ〉（C-ji）桐壺（A詞）〕なり（C-jd）。（第一の構文）

のように〈ガ〉があるとすると、この隠れている構文を深部としよう。この〈ガ〉を押しのけて「は」がはいってくる。

御局は桐壺なり。

これが上層に出てきている第二の構文で、現代語で示せば「（桐壺更衣の）御局は桐壺である」。これを「御局について言えば桐壺だ」と言い換えてみると、「御局」が主格であることは上層から隠され、「御局は」が主格を〝代行〟する。

〔（御局について言えば）桐壺（A詞）〕なり（C-jd）。（第二の構文）

†論理的世界にいどむ

A詞B詞（名詞の類と動態詞と）は意味世界を作り出す。言語はつねに言語外のさまざまな概念とかかわるから、意味論は当然、概念を取り込むので、意味世界と言っても、哲学や社会にあい渉り広がる。それらは基本的に論理から成り立つ世界であって、ある種の一貫性が絶えずそこに求められる。

自立語は意味の広がりを、語そのものにも、言外にも持ちながら、豊かに文を構成する。名詞の類、動態詞、それに副詞や連体詞などを含めて、意味の競演、あるいは饗宴というべきか、上層から見えない深部にまで、言わんとする思いや、もどかしい表現の苦心や歓びが広がりやまない。世界や社会を相手に論理を積みかさね、審議する。

自立語＝意味が言外にまで広がる

明瞭な、厳密な、定義に近い用法もあろうし、その一方で、絶えず言外の意味があり、そこから表現が紡ぎ出されてくることもあろう。日本語はそのような自立語を先立てて、表現の海を操舵する。山ならば植生の複雑な言語の森に縦横にさ迷いつづける。

自立語が豊かさの広がりだということは、曖昧さや難解さをも含み持つということであって、それは言ってみれば、われわれの生活じたいの日々刻々が、豊かであるはずなのに難問の山、曖昧の野であることをまさに〝意味〟する。

社会は個人に対してさまざまな取っ組みあい、そして解決の道を求めてやまないだろう。そこに言語行為を、われわれにとり放擲できない理由が存するはずだ。

†自立語と非自立語

助動辞や助辞は非自立語として、自立語の意味世界を支えるのに、それぞれの機能をもってする。だから、機能語（C辞）は意味を持たず、豊かな広がりを持たない。

B詞（＝D幹プラスE尾）—（接合子）—C辞　D幹は語幹、E尾は活用語尾

接合子をなかに置いて結びつくとは、意味（動態詞）と機能（助動辞／助辞）とが、手をさしのべあうさまをもたらす。意味が働く、とはそういうことだろう。

自立語と非自立語とが日本語だと交互にあらわれる。非自立語は、助動辞および助辞をさす。

非自立語＝機能を限定する

非自立語はつまり、意味を有さない。自立語が、言外も含めて、豊かな意味の蓄積であるのに対して、助動辞や助辞は、原則として一つの助動辞に一つの機能、一つの助辞に一つの機能と、機能が備えられているに過ぎない。深層から限定する語だと言い換えてもよい。それらを豊かさ、とか、言外の広がり、とか言うべきではなかろう。意味をすべて自立語に託して、非

自立語はそれらの意味を下支えする機能の明瞭さに徹する。

日本語の文が、

〔名詞〕助辞プラス〔動態詞〕助動辞／助辞

を基本にするとは、自立語プラス非自立語プラス自立語プラス非自立語プラス自立語プラス非自立語……という連鎖をずっと辿り進むことを結果する。それは、

意味プラス機能プラス意味プラス機能プラス意味プラス機能……

という連鎖を辿り進むことにおなじだ。

†意味をあらわす語は

国語学者、時枝誠記からは、教えられることが大きいにしても、きちんと批判を述べておこう。時枝によると、「意味の本質は、実にこれら素材に対する把握の仕方即ち客体に対する意味作用そのものでなければならない」(『国語学原論』、意味論)とする。時枝の「意味作用」とは分かりにくい術語ながら、素材じたいに意味があるのでなく、あくまで言語主体を起点とする考え方を言う。それでは名詞や動態詞などの語彙じたいに意味がなく、語彙を選択して表現する個人の意図や助動辞や助辞による機能的働きのなかに意味が生じることになってしまう。それは当たらないだろう。事実はそれに反して名詞や動態詞じたいの意味世界を無視できないは

ずだ。

また一般には、時枝に限ることでなくて、〝意味論〟と言えば、A詞B詞以外にC辞（助動辞／助辞）も、副詞以下も一つにして、要するに言語事象のほぼぜんぶを相手にするから、意味と機能との差異がなくなる。それでは困る。

強調してし過ぎることのないこととして、繰り返しになるけれども、機能語（助動辞や助辞）は意味の曖昧さと無関係にある。意味の豊かさとも関係がない。意味を下部から支える機能に徹する役割が非自立語のすべてだ。

2　名詞の性格

†文法的性（ジェンダー）

文法事項として避けて通れないにしても、文法的性〈英〉gender（ジェンダー）、〈仏〉genre（ジャンル）は日本語の場合、無視ないし軽視される。それはそうだろう、名詞と形容詞とを性／数で一致させたり（フランス語など）、中性名詞があったりなかったり（ドイツ語など）と、しち面倒なことが日本語にはない。

歴史的にラテン語での中性名詞はフランス語で男性名詞に吸収され、二元的（男性、女性）になったと言われる。世界の半数の言語が文法的性（複数のジェンダー）を有することは、ジェンダーを持たない日本語などの諸言語と〝対立〟する。英語はノルマン・コンクェストのさなかにジェンダーをうしなった、と言われる。

起源的には生物の雄と雌とが最初、言語界を整えるのに寄与し、自然界に引きおよぼされ、語形からも類推させて抽象語の世界を性的に制覇し、格の呼応が決定されるなど、数万年かけて文を裂きつづけてきたことだろう。ということをだれも論じてくれない理由は、そう推測すると、世界言語のある分岐点からこちらがわで、日本語のようにジェンダーが〝ない〟ことを説明できなくなるから、かもしれない。

日本語で男ことば／女ことばの区別がある程度見られることはジェンダーの代替物かもしれないと、多くのひとが考えてきた。そうかもしれない。さらには『万葉集』以下、漢字とかな（万葉がな、ひらがな）とが代わりばんこに書かれる書き方は表記の問題だが、はるか遠いむかしからの日本語のジェンダーを伝えているかもしれない。

†「秋の日のギオロンの」（単数か複数か）

フランス語の定冠詞〈le　la　les〉に見るように、単数には男性女性の区別があるのに、複数だとその区別がなくなる。つまり、ジェンダーと数《すう》とは分け切れない。数《すう》についてはしかし、日本語はと言えば鈍感でしかない、という相場がある（ほんとうか）。

単、複というのは欧米語の基本だとしても、複個数、双数、漢数その他、実際には日本語と共通する課題が少なくないはずで、「落葉」（上田敏『海潮音』、一九〇五）に見ると、

秋の日の／ヰオロンの／ためいきの／身にしみて／ひたぶるに／うら悲し

は、原作（ヴェルレーヌ「秋の歌」）によれば「ヰオロン」が複数なので「すこし驚いた」と、泉井久之助『印欧語における数の現象』（大修館書店、一九七八）にある。言語学者、泉井でなくとも、上田敏の訳詩からは一つの琴の音に聴こえる。たとい一つの琴からの音だとしても、いつまでもつづく演奏のそれは単数なのだろうか、複数なのだろうか。

この著のなかで泉井は、そういうことを始めとして、日本語にも共通する現象（「二、三個」とか、「一軒また一軒」とか）に迫る。「ためいき」にしても、原作に見ると複数で、「泣きじゃくり」や「しゃっくり」であり、ラテン語に徴するならば何と断末魔の「喘ぎ」をあらわすのだと言う。なぜか訳文にない、そして原文にはある「長い」を付加すると、次第に時間をかけて息を引き取る感じになりそうだとも言う。時間の経過は単数や複数を越えて響いてくる、ということになろう。

†時間のなかの〝数〟〔石原吉郎〕

シベリア抑留の八年から帰還し、長い〝失語〟ののち、さいごに〝詩がおれを書きすてる〟と書いて、六十二歳で亡くなるまで、石原吉郎の言葉の清冽な硬度と抒情とは、われわれを導きつづけてくれた。一九七七年に亡くなってから四十年が経とうとしている。

日本語には〈ない〉とされ、簡略な参考書では相手にもされない、数量という問題を、どうしようか。日本語にない現象として、話題にせずともよいと言われるものの、それならばなぜ日本語にないのか、石原の作品を手がかりにしてみると、著名な「葬式列車」(一九五五)は、

なんという駅を出発して来たのか
もう誰もおぼえていない
ただ　いつも右側は真昼で
左側は真夜中のふしぎな国を
汽車ははしりつづけている
駅に着くごとに　かならず
赤いランプが窓をのぞき
よごれた義足やぼろ靴といっしょに

まっ黒なかたまりが
投げ込まれる　（……）

と始まる、四十行の作品で、数（すう、かず）に注視してみると、数詞の類でなく取り上げたいこととして、みぎの引用だと「いつも」とか「はしりつづけ」とか「ごとに」とか「〜といっしょに」とか、時間のなかに〝数〟が籠っていそうだし、以下、詩句だけ取り出すと、「そいつはみんな生きており」「どこでも屍臭がたちこめている」「誰でも半分はもう亡霊になって」「もたれあったり／からだをすりよせたりしながら」「すこしずつは」「ときどきどっちかが」「俺だの　俺の亡霊だの」「俺たち」「巨きな黒い鉄橋をわたるたびに」「たくさんの亡霊がひょっと／食う手をやすめる」と、これらにはいずれも〝数〟が籠っている感触だ。

多く時間や場所のころもを被って〝数〟ではないように見せかけてあっても、みんな、どこでも、半分、〜たり〜たり、ずつ、ときどき、〜だの〜だの、たち、たびに、たくさんの、というような語が〝数〟を籠らせている。これらはすべて日本語としてめずらしくないし、そればかりか、けっして日本語の特色だと言えない。とともに、石原として、これらの語の使用に最大限の効果を求めていると思える。

†アイヌ語、数詞、算用数字

英語の名詞が三人称単数で時制が現在だと動詞にsをつけるなど、理由があってそのsは要るのだろう。でも、不可算名詞や集合名詞では要らなくなったり、それでも時に必要だったり。part of は parts of か a part of か、場合場合によって使い分けなくてはならない。対して、単数か複数かを考えることなくものを言い出すことのできる日本語を、むしろしあわせだと見なしてよかろう。数《すう》の考え方には諸言語によっていろいろあるのだ、と。

アイヌ語だと、母熊一匹、子熊二匹が、普通、人間たちを遠巻きに見ているだけで、出てくることはないのが、何かの拍子に子熊が転がり出して、母熊もいっしょに、わっとわれわれの眼前にあらわれるとする。瞬間的かつ本能的にかぞえているはずだが、アイヌの人たちはその熊（たち）を単数であらわす。

ぎょうじゃにんにくを、花籠に一つずつ摘んで、いつしかいっぱいになる。そのような「いっぱい」は単数か複数か。複数なのだという。三匹の熊が単数で、花籠いっぱいのぎょうじゃにんにくが複数であることに、説明するすべはない。諸言語の特質としてしっかり受け取るしかない。

数詞には、数そのものと、数にかかわる接尾語を込めた言い方と、二通りがある。コンピュータのなかだけを駆け巡っている未知の数詞もあろう。算用数字は表意文字として生きられる。1という字を、〈いち、はな、いー、シネプ、ワン one、アン un〉など、ネイティヴごとに勝手に読むので、だれも困らない。

†代名詞の生態〔話し手との関係〕

時枝の言うところだと、代名詞は「話し手との関係」においてのみ成り立つという（『日本文法 口語篇』、語論、岩波書店、一九五〇）。これは注目すべき考え方だと思う。たしかに、固有名詞から固有性を抜き去ると、むなしい指示性が記号のようにしてのこる。記号詞とも言えるし、さらには関係詞というような見方を採り入れてもかまわない。代名詞は場面での関係概念にのみ依存するというのだから。

はじめより、「〈我〉は」と思ひ上がりたまへる御方〴〵、めざましき物におとしめそねみ給ふ。〔（宮仕えの）当初から、「一番は私」と高く構えてお思いのお方々は、（桐壺更衣を）目障りなやつだと見くだし嫉妬なさる。〕（「桐壺」巻、一―四）

「私が一番だ」とプライド高い妃《きさき》方が〝話し手〟（会話主）で、〝自身との関係〟から「我」と言う（人称代名詞）。そのことは分かり易い。ではつぎの「それ」はどうか。

おなじ程、〈それ〉より下臈《げらふ》の更衣たちはまして安からず。〔同等、あるいはそれ以下の下級の

更衣たちはまして穏やかでない。」（同）

「それ」は桐壺更衣をさす。時枝的に言えば、話し手との関係概念として「それ」と指示する（指示代名詞）。物語において「それ」と指示して言うのは〝話し手〟にほかならない。語り手と聞き手（ここでは読者）とのあいだに成り立つ関係とは、物語中の〝場面〟となろう。たしかに代名詞は話し手のいる場面に依存して生きられる。

陸奥《みちのく》のしのぶもぢ摺り。〈たれ〉ゆゑに乱れむと思ふ。われならなくに
（『古今集』十四、恋四、七二四歌）

東北地方信夫《しのぶ》の名産、ねじりしのぶの乱れ染め。だれのせいで乱れっぱなし、思いに思って。私のせいではありませぬよ　（しのぶ＝忍草）

「たれ」（＝誰）はこの場合、不特定の人を指すと見せかける。詠み手との関係にある人物を特定しないことは、このうたの場面にのみ依拠させる書き方だと言える。

†コソアド体系〔これ、それ、あれ、どれ〕

代名詞を中心にして、連体詞にも見られる、佐久間鼎（『現代日本語の表現と語法』、厚生閣、一九五一）の探求していた〈こ、そ、あ、ど〉（近称、中称、遠称、不定称）は、場面を分割して話し手（詠み手）からの距離を示す体系であることが分かる。

こいつ〈こやつ〉、そいつ、あいつ、どいつ
これ、それ、あれ、どれ〈いづれ〉
ここ、そこ、あそこ、どこ〈いづこ〉
こ（の）、そ（の）、あ（の）、ど（の）
こんな（に）、そんな（に）、あんな（に）、どんな（に）

などが観察される。「（こ）の」は連体詞「この」でもあり、「この！」と感動詞としても言え、あるいは「こんなに」を形容動詞あるいは副詞と見ることができる。

†固有称（固有名詞）

固有称（固有名詞）にしろ、人間関係や自然との交渉がそこに客体化されよう。ただし、出会いや誕生、愛着などの機縁があるので、他人が承認するかどうかは条件にならない。飼っているパンダ（のぬいぐるみ）に「ぽんぽん」と命名する。自分だけのこちょうらんを「星の王子様」と名づけをする。山や川、新生児やペット、商品やゆるキャラや鉄道車両が名まえをもって生き生きする。

阿武隈山系　大堰《おおい》川　紀三井寺　いざなきの命《みこと》　「天照大神《あまてらすおほみかみ》」

「阿武隈」は固有名詞でよいとして、「山系」を含めて固有名詞とすべきか、否か。紀三井寺

は「〜寺」を含めて固有称としよう。「いざなき」だけが固有称なのに、「〜の命」までを含めて固有称と思い込んで書いている研究書は少なくない。「天照大神」か、アマテラス（天照）か、固有称の認定のむずかしいケースとしてある。

歌枕の類は、〜山、〜川、〜寺など、地面に貼り付けて名称になる。『枕草子』での書き方など、すべて所属を明らかにする固有称の書き方だ。東京駅、立川市、大和盆地、首里城など、地名は所属とともに言うのが筋だろう。羽田、須磨、上海へ行く、などと投げ出して言うようになったのはいつごろからだろうか。

・**夕顔の君**

夕べの光に照らされる男君の顔がもともとは「夕顔」だったろう。見て取った女君が夕顔の花を詠み込んだ歌を贈る（「夕顔」巻、一―一〇三）。その歌から彼女は「夕顔」と名づけられる。読者が名づけたのか、作者の意図するところであったか。

・**朧月夜の君**

「朧月夜に似るものぞ―なき」（「朧月夜にしくものぞ―なき」『大江千里集』）と口ずさんでやってくる女君を光源氏はとらえる。このうたから読者は（作者の暗黙のもとに）彼女を「朧月夜」と呼ぶ（「花宴」巻、一―二七六）。

3 動く、象《かたど》る〔動態詞〕

†動詞、形容詞、形容動詞

日本語の動態詞は、基本構文、

〔A詞B詞〕C辞

のうちの、B詞のなかみを構成する。

動詞 verb はまさに verbal（言葉の）、nonverbal（言葉によらない）という語があるように、本来、言葉そのものを言う。述部を構成して名詞の類（A詞）を包み込む感がある。そのために述部だけで文が成り立つというような考え方も一部におこなわれる。しかし、日本語は「が」という格助辞を具える立派な主格言語なのだから、A詞と動詞を初めとするB詞とはあくまで対等にある。

動詞は動作主を動かしたり、環境や状態の変化や移動を示したりするほかに、存在や関係性を明示でき、活用することで命令もできる。関係性がつよくなると補助動詞になり、助動辞との接点を拡大させる。人称表示を代名詞のほかに補助動詞にもゆずり、性／数はA詞やそれに付随する接辞に任せる。時称、アスペクト、モダリティその他、言語の在り方を日本語ではどんどん助動辞にゆずる。

形容詞は事物の性質や状態を形容するほかに、対象の感情も、語り手の感情をもあらわすことができる。言い切りも、連用形を通して動詞のたぐいにかかることも、連体形によって名詞の類にかかることもできるから、自在だ。

名容語の類に「なり、たり」が付いて形容動詞が生じる。現代語で言うと、〈静かな、不幸な、エキセントリックな、けったいな〉など、「〜な」と言える事物の性質や状態をあらわす語群を形容動詞と名づける。名詞も「君なのか」「電球なはず」「机なわけ」などと言えるかもしれないから、絶対ではない。

アイヌ語では動詞と形容詞との区別がない。朝鮮語には動詞と形容詞とのあいだに隔たりがほとんど感じられない。

†語幹と活用語尾

それらの動態詞にはそれぞれ語幹（D幹）がある（語根、語基とも）。その語幹は活用語尾（E尾）との関係をそれぞれに持つ。語幹と活用語尾との分けられない語群もあって、文法成立前史を垣間見させる。活用 conjugation はB詞のハード部門で成り立つ体系であって、諸言語ごとに保存されている。

しかし、活用のないとされる諸言語が日本語の近隣にあって、このことは活用とは何かを考える上でたいせつだろう。アイヌ語や漢文語（いわゆる漢文）が、動詞などの活用を持たない（活用語尾がない）ことは、前者の場合、人称接辞その他の接辞をくっつけるから、それをもって活用があると言うこともできなくない。後者は豊富な助字を持っており（未、将、不、莫、与、何如、安、於、所、雖、者、哉、而已、耳……）、あたかも辞のように配置される。

B詞の主要な構成要素である動態詞にC辞が取り付いてくる。

〔B詞〕C辞

その過程で日本語に活用体系らしさが生まれた。高度の活用体系のあることで知られる屈折語（英語など）でも、基本はおなじことで、B詞とC辞との結びつきが一体化したのに過ぎない。日本語だとその結びつき方のつよい動詞的世界から、比較的ゆるやかな形容詞や形容動詞的世界までが並ぶ。

辞では活用のありそうな助動辞から、活用のないと言ってよい助辞までが並ぶ。

動詞、形容詞、そして形容動詞を一纏めに動態詞とする理由となる。

†動詞の活用、一音語と二音語

動詞には、語幹（D幹）と活用語尾（E尾）とを分けられない場合が少なくない。一音語の動詞がそれらだ。二音語以上になっても、語幹と活用語尾とは緊密に結びつくようで、加えて語幹だけ取り出すと、語としての意味の推測すらかなわないことが多い。

一音語が当然、意味を擁するのに対し、二音語以上は語幹だけだとなかなか意味を把捉しがたい。このことは動詞が本来、語幹と活用語尾とを分けられず、一体で活用語として成立したことを明示する。活用の種類ごとに略述しよう。

・カ行変格活用（カ変）く（来）

一音語であり、当然、その一語で意味をなす。

基本形	未然形	連用形	終止形	連体形	已然形	命令形	
く	こ	き	く	くる	くれ	こ（よ）	
	コ	き	く	くる	くれ	コ	（万葉時代）

「やって来る」ことや、命令形では「来させる」感じまでを含む。

・サ行変格活用（サ変）す（為）

一音語であり、当然、その一語で意味をなす。

基本形	未然形	連用形	終止形	連体形	已然形	命令形
す	せ	し	す	する	すれ	せ（よ）

「自然に起こる」意から「行為する」意にまで広がる。

・下二段活用（下二段）

一音語には、「う（得）、く（消）、ふ（経）」がある。また、助動辞「つ」の原型には「つ」という一音動詞があったろう。これらは一音語であるから、当然、その一語で意味をなす。「う（得）」——

基本形	未然形	連用形	終止形	連体形	已然形	命令形
う	え	え	う	うる	うれ	えよ

（ア行の「え」eとヤ行の「え」yeとがあり、ここは前者）

「うう（飢）」「うう（植）」（二音語）は、

基本形	未然形	連用形	終止形	連体形	已然形	命令形
うう	うゑ	うゑ	うう	ううる	ううれ	うゑよ

（「ゑ」はwe）

となる。二音語になると一応、語幹／活用語尾が分かれる。「うう（飢）」も「うう（植）」も、「う」（語幹）だけだと意味をなしようがない。つまり、語幹と活用語尾とに分けることは、文字通り〝意味をなさない〟ので、いきなり活用語としてこの世に存在せしめられることを〝意味する〟。つまり活用形が同時に発生することを意味する。

・上一段活用（上一段）

語幹／活用語尾が未分化と言われるのは、一音語ということにほかならない。「みる（見）、ミる（廻）、にる（似）、ゐる（居）」など、数は少ない。一音語であるから、「見」が語幹だとしても、そのまま意味をあらわす。古く終止形は「み」だったかもしれない。

基本形	未然形	連用形	終止形	連体形	已然形	命令形
み	み	み	みる	みる	みれ	みよ

「ヒる（干）」には「ふ（乾）」（上二段活用）があり、「ゐる（居）」にも「う（居）」（同）がある。「みる」には「む」という一音語の分岐を想定したい（「ココロむ、うしろむ」にのこるか）。

・ナ行変格活用（ナ変）

「いぬ（往）、しぬ（死）」のほかに、一音動詞「ぬ」があったのではなかろうか。「いぬ（往）」の活用——

基本形	未然形	連用形	終止形	連体形	已然形	命令形
いぬ	いな	いに	いぬ	いぬる	いぬれ	いね

「いぬ」にしても、もともと「い―ぬ」だったろう。

・上二段活用（上二段）

一音語としては「う（居）」、「ふ（乾）」がある。二音語以上の語になると、語幹によって意味を取ることがむずかしい。「おつ（落）」は「お」だけだと落ちる意味を感得できない。活用は「こふ（恋）」で見ると――

基本形	未然形	連用形	終止形	連体形	已然形	命令形
こふ	こひ	こひ	こふ	こふる	こふれ	こひよ

上二段活用は現代語になる場合、上一段活用となる。

飽く、生く、尽く、過ぐ、落つ、閉づ、強ふ、延ぶ、錆ぶ、悔ゆ

が、〈飽きる、生きる、尽きる、過ぎる、落ちる、閉じる、強いる、延びる、錆びる、悔いる〉になる。

・ラ行変格活用（ラ変）

「あり（有）」の「あ」では意味をなさず、「あり」という一語で初めて意味を持つ。

基本形	未然形	連用形	終止形	連体形	已然形	命令形
あり	あら	あり	あり	ある	あれ	あれ

きれいな活用表をなす。「をり（居り）」は「う」（居、上二段活用）、「ゐる」（上一段活用）とかかわりあろう。「はべり（侍り）」の語源は分からない（「這ひあり」かという説がある）。「いますが

り」(「いまそがり」とも)は「いますがあり」の転と言われる。

・下一段活用(下一段)

古典語「ける(蹴)」はもと「くう(蹴)」(下二段活用)だったと言われる。

基本形	未然形	連用形	終止形	連体形	已然形	命令形
ける	け	け	ける	ける	けれ	けよ

・四段活用(四段。口語では五段活用)

「あふ(逢)」を取り上げると、終止形と連体形とが同型で、

基本形	未然形	連用形	終止形	連体形	已然形	命令形
あふ	あは	あひ	あふ	あふ	あへ	あへ

というようになる。連体形に「る」を発現しないのは四段活用のみらしい。万葉時代には「あへ」(已然形)、「あへ」(命令形)の区別があった。

すべて二音あるいはそれ以上から成る。語幹についての語源説は多く民間語源説にとどまる。「ふく(吹)」の「ふ」はたしかにpu!(吹く音)かもしれない。しかし、「よむ(数、読)」の「よ」は寿命を意味するとか、「かたる(語)」の「かた」は味方する意味だとか、根拠がなく、ごく一部の語について議論されるのみで、絶対多数の四段活用動詞は、語幹だけ取り出した途端、意味不明となる。

以上のように見ると、動態詞は語幹が活用語尾と一体になって初めて意味を持ち、活用語として生きる。

〔A詞B詞〕C辞

で言えば、B詞のなかみはD幹E尾一体と見る。

B詞＝D幹E尾

†補助動詞、補助形容詞

非自立と言えば、頭を抱えてしまうのが、「補助動詞、補助形容詞」だ。学校文法では「補助動詞」に対して「本動詞」というような呼称もけっこう定着している。

自立している動詞が本動詞、そうでないのが補助動詞という単純な分け方だろう。古典では「たまふ」（四段型、下二段型）「はべり」「たてまつる」など、多く敬語にかかわる。辞書や参考書の説明によれば、

・補助動詞　動詞のうち、「（花で）ある」「（豊かで）ある」「（見て）あげる」「（読んで）しまう」「（来）給う」「（おいで）なさる」などのように付属語的用法を持ち、独立に用いられるときの意味に比べて形式化しているもの、云々。

・補助形容詞　形容詞のうち、「（高く）ない」「（聞いて）ほしい」のように付属語的用法をもつ

もの、云々。

という説明となる。あくまで現代口語での理解であり、「（花）である」式に「である」という助動辞を認定できるし、「〜てあげる」「〜てしまう」も助動辞扱いすることが可能だ。自立をすっかりやめられない動詞という段階があるという認識だろう。

†形容詞の活用

形容詞の語幹（形容語）は、動詞の語幹と異なって、それだけで意味を喚起することができる、また、そのまま、文の成分として用いられ、他の語と複合語を作る時、意味の決定部分となる。二音またはそれ以上の語幹であっても、一音の語幹であっても、動詞と違って意味を負う語たちだ。ク活用の語幹をわずかに挙げると、〈な、よ、あか、あを、おほ、ねた、わか、あやな、いぶせ、うたて、つゆけ、めでた、あきらけ〉などがある。

・ク活用　とほし（遠）

基本形	未然形	連用形	終止形	連体形	已然形	命令形	
とほし	とほく	とほく	とほし	とほき	とほけれ	—	
	トホけ	トホく	トホし	トホき	トホけ	—	（万葉時代）

ク活用の語幹について見ると、それぞれに意味らしきなかみを有している。語幹だけで名詞

に懸かる用法（「あかごま」「よごと」「わかびと」など）や、いわゆる詠嘆もある。

ねたのわざや　あやな！　うとまし！

なっ！（冷蔵庫をあけて、取っておいたはずのケーキがない時）

いずれにも詠嘆を認められる。だからと言って、独立語かというと、「し」（およびその活用形）を垂らすことで、形容詞としての一語らしさを完成させる。「し」の本来がどこから来たのか、アシ asi という原型を想定して助動辞（形容辞）扱いするのがよかろう。

〔B詞〕＝D幹／E尾　D幹＝形容語、E尾＝「し」

形容詞はこのB詞のなかにのみ生きる場所を求めている。

・シク活用

シク活用は語幹の認定から先に考えなければならない。シク活用の形容詞の語幹を挙げようとすると、「し」までを含む。つまり、終止形を例外として、〈あし、をし、いみじ、おなじ、けだし、ゆゆし、ををし、ゑまし、をかし、あさまし、なつかし、むつまし、すさまじ〉というように〈し〉を含めて語幹と見る見方が浮上する。通説と異なるかもしれない。しかし、「あたらし、いとどし、いまだし」などは「あたら、いとど、いまだ」という形容語がそのまま副詞になる。

活用は「あし（悪し）」に見ると――

基本形	未然形	連用形	終止形	連体形	已然形	命令形
あし	あしけ	あしく	あし	あしき	あしけれ	—

シク活用は繰り返すと、終止形以外、「し」まで含めて語幹であるらしく、終止形のみ語幹と活用語尾とが一つとなる。

〔B詞〕D幹／E尾　D幹＝形容語（「し」をふくむ）、E尾＝「け、く、き」

シク活用もまた、形容語である以上、B詞のなかにのみ生きる場所を求めている。

カリ活用についてはさきに述べた（四六ページ）。連用形語尾「く」にアリ ari がくっついたかたちを言う（ku-ari →k（u）-ari →kari）。

基本形	未然形	連用形	終止形	連体形	已然形	命令形
とほかり	とほから	とほかり	とほかり	とほかる	—	とほかれ

†「じ」（形容辞）

シク活用に含めてきたなかに、

基本形	未然形	連用形	終止形	連体形	已然形	命令形
じ	じけ	じく	じ	じき	じけれ	—

を活用とする語群がある。〈いみじ（忌）、おなじ（同）、おやじ（同）、すさまじ〉などが知られ

る。〈われじ（我）、いへじ（家）、おもじ（母）〉というような古語も宣命文にはあった。折口信夫はいかにもかれらしく（「形容詞の論」、一九三二）、「〜じもの」という「もの」が付いた「熟語」に注意を向ける。〈ししじもの（獣）、鹿見《かこ》じもの、馬じもの、犬じもの、鵜じもの、鴨じもの〉、あるいは〈雄《ヲトコ》じもの、牀《トコ》じもの〉を挙げる。

あをにヨし―ならノはさまに、〈しゝじモノ〉、みづくヘゴモり、みなソゝく―しビノわくごを、あさりづな。ゐノこ　（『日本書紀』十六、武烈、九五歌謡）

青丹よし（枕詞）奈良の谷間に、獣ならぬ（いや、獣そっくりに）
水びたしで隅っこに（埋められた）、みな注く（枕詞）鮪《しび》（という名）の、
若いおの子（の屍）を、漁り出すなよ。猪よ

通説には「しゝじモノ」を「みづく」あるいは「ヘゴモり」へ懸かると見る。折口は句を隔てて「あさりづな（ゐノこ）」へ懸かると見ることができないかとする。枕詞の比喩よりもう一つ前代を窺えると折口はするらしい。

†形容動詞を認定する

形容動詞の場合もまた、語幹の列を眺めれば、これらが名詞の扱いでよいのか、という疑問のあふれてくる語群だ。名容語としよう。『古今集』仮名序に、

目に見えぬ鬼神をも〈あはれ〉と思はせ、……歌の文字も定まらず、〈すなほ〉にして、……この殿は――〈むべ〉も――富みけり。……〈あだ〉なる歌、はかなき言のみ出で来れば、……〈まめ〉なるところには、花薄、穂に出だすべきことにもあらずなりにたり。……さかし、〈おろか〉なりと……。(小野小町ハ)〈あはれ〉なる様にて、つよからず。……

とたくさん見える。

「なり」「たり」を従える、〈さやか、優、をこ、そら〉〈丁寧、厳重、急、平気、批判的〉〈堂々、遅々〉〈ロマンチック、ナイーヴ〉など、造語力のつよい語群だと思う。〈健康が、親切が、優柔不断を〉のように、「〜が」「〜を」とも言える、だから名詞と言ってよい語もあるにしろ、それらはまさに名詞でもある、あるいは名詞との分岐点を持つ語群なのであって、名容語との明確な違いはなかなか線が引けない。かくて、

・ナリ活用

静か　　静かなり

・タリ活用

恋々　　恋々たり

について、「静か、恋々」か、「静かなり(静かだ)、恋々たり」か、いずれを形容動詞の語形として認めるかということの判断を求められる。「静か」や「恋々」を名容語として積極的に位

置づけることとする。

B詞＝D幹―E尾

形容動詞もまたB詞のなかにだけ生きられる場所を持つ。

†活用形〔未然形～命令形〕

・未然形

E尾からC辞への繋がりが緊密なのは未然形だろう。助動辞や助辞からのアピールがつよくて、未然形の成長を促したと考えられる。

秋の田の穂にこそ―人を恋ひ〈ざら〉〈め〉。などか―心に忘れしも―せ〈む〉

（『古今集』十一、恋一、五四七歌）

秋の田の穂みたいに、ほの字をおもてに出してまで、あなたを慕いはせぬつもり。でもでも、心にはどうして忘れなどしようかいの

「恋ひ」「ざら」「せ」と三カ所に未然形があって、それぞれ「ざら」（否定）「め」（推量あるいは意志）「む」（同）が下接する。

・連用形

二連動詞は、1、先行動詞と後ろ動詞とが対等である場合、2、先行動詞が接頭語化する場

合、そして、3、後ろ動詞が助動辞化する場合、という三ケースに分かれる。

1　わがせこが衣のすそを〈吹き／返し〉―うらめづらしき秋の初風

（同、四、秋上、一七一歌）

わが背の君の衣のすそを吹き返し、目新しい裏地を見せる、
（そのように）心のうらにも目新しい、最初の秋風よ

「吹き／返し」は『万葉集』にも見られる語で（十二、三〇六八歌）、そこでは葛《くず》の葉を吹き返す（＝吹変）。二連動詞（複合動詞）の例で、先行動詞「吹き」が連用形をなす。

2　女郎花《をみなへし》、秋の野風に〈うちなびき〉、心一つをたれに寄すらむ

（『古今集』四、秋上、二三〇歌）

女郎花は、秋の野風にちょいと靡き、（また靡き……）
心は一つ（でしょう？　その心）をだれに寄せているのだろう

「うち」が軽くなり、接頭語化して「なびき」にウェイトがかかって下へ繋がる。

3　春日野の飛ぶ火の野守、出で〈て〉見よ。いま幾日《いくか》あり〈て〉若菜摘みてん

（同、一、春上、一九歌）

春日野の飛ぶ火の野守よ、出番です、見てきておくれ。
あと何日が経てば、若菜を摘んでしまってよいかと

「出で」のあとの「て」、「いま幾日あり」のあとにある「て」は本来、助動辞「つ」であり、そのもとは一音語の動詞だったろう。

動詞「つ」→助動辞「つ」→「て」→助辞「て」

というように固溶化していった。連用形接続の助動辞や助辞が下文へ懸かる。書き換えると、B詞を構成する〔D幹プラスE尾〕のうち、E尾が語形変化してC辞（助動辞や助辞）へ繫がろうとしている。

連用は〈用言に連接する〉の意。（ただし本書では用言という術語を用いない。）

・終止形（現前形）

「うつろひ〈ぬ〉らん」（一、四五歌）、「消えずは――〈あり〉とも」（一、六三歌）のような終止形接続の活用語や助動辞を従えるほか、「春〈来ぬ〉と」（一、一一歌）、「宿貸す人も――〈あらじ〉とぞ――思ふ」（九、四一九歌）など、「と」は文末に下接して、一般には終止形を受ける。「猶うとまれ〈ぬ〉」（三、一四七歌）や、「かれ〈ぬ〉と思へば」（六、三一五歌）の「ぬ」は終止形下接のそれであって、古人ならば誤解するはずもなかった。

「春立てば、花とや――〈見〉らむ」（一、六歌）の「見」は古く「らむ」が連用形接続、あるいはこの場合の「見」を終止形だったと見るのも可だろう。

終止形といっても活用形の一つであって、これに下接する助動辞は少なくない。けっして断止することだけが目的ではないので、〈現前形〉と名づけるのが至当だ。

・連体形

梅が枝《え》にきゐるうぐひす　（一、五歌）

花なき里も―花ぞ―散りける　（一、九歌）

「きゐる」と「うぐひす」とのあいだ、「なき」と「里」とのあいだには、活用体系から要請される関係詞があるとすると（つねに省略されるとしても）、そこを懸かりに連体句や連体語となる。接合子としておく。

きゐる―（接合子）―うぐひす

花なき―（接合子）―里も

「こほれるを」（一、二歌）、「たてるや―いづこ」（一、三歌）、「雪となるぞ―わびしき」（一、八歌）などの「こほれる」「たてる」「なる」は、連体形が連体句や連体語になる場合で、用法として口語に見られない。吸着語の省略による用法かと見られる。

「春や―とき、花や―おそきと」（二、一〇歌）、「昔の人の袖の香ぞ―する」（三、一三九歌）など、係り結びに連体形があることは言うまでもない。

連体は〈体言に連接する〉の意。体言とは名詞の類を言う。

・已然形

「ば」や「ど」への接続（「〈憂けれ〉ば」（二、七一歌）「〈あだなれ〉ど」（二、一〇一歌））のほかに、「けふこそ—桜、折らば折りて〈め〉」（一、六四歌）のように「こそ」の係り結びは已然形となる。

已然は〈已《すで》に然り〉の意。口語文法では仮定形と言われる。

・命令形

「われに〈をしへよ〉（教へよ）」（二、七六歌）、「よきて〈ふけ〉（避きて吹け）」（二、八五歌）など、命令形のすべてにわたり、それじたいのかたちを持つことは、日本語として誇れることではなかろうか。欧米語のGo!やAllez!は、格の制約から解放されるとしても、かたちの上で他の活用形の転用としてある。

†音便と現代語

わりなく思ほしながらまかでさせ〈給う〉つ。（「桐壺」巻、一—八）ウ音便

げにえ耐ふまじく〈泣い〉たまふ。（同、一—一一）イ音便

定まり給へるこそ〈さうぐ〳〵しかむ〉めれ。（「帚木」巻、一—六三）撥音便

「給うつ」は「給ひつ」のウ音便、「泣いたまふ」は「泣きたまふ」のイ音便、「さうぐ〳〵しかむめれ」は、……カリメレ、カッメレ、カンメレという流れを背景に、「かむめれ」という表

記が出てきたのではなかろうか。実際に「ッ」音は発音されたろう。促音を「ん」などと書くこともあったかもしれない。

七年あまりがほどにおぼし知り〈はべ〉なん。〔今後、七年余りのあいだにお分かりになることできっとござらっしゃろう。〕（同、一―五三）

の「はべなん」は、ハベリナン、ハベッナンの「ッ」（促音便）の無表記で、ハベンナンと発音したかもしれない。促音などを「つ」と表記することもあったろう。表記生成途上を平安かなテクストは垣間見させる。

音便は現代語の成立に深く関与する。「呼んだ名前」「咲いた花」など、「呼びた名前」「咲きた花」とは言わない。そうすると、「呼ん」「咲い」などを活用形として認めるとか、いやそれらを認めることは不自然だとか、不満が噴出してきて、解決を求めるいろんな考え方が出てくる。「呼んだ」「咲いた」を一語と考え、「だ」や「た」を接尾語とする考え方は便宜主義で、教育方面にわりあい見かける。時枝は「尖った帽子」「沈んだ顔」の「尖った」「沈んだ」を何と連体詞と認定する（『日本文法　口語篇』、語論）。その場合、「た」「だ」は接尾語だとか。

それらの一語という考え方は、音便を文法上、認めないという考え方の変形になる。たしかに、現代語のいわば〝欠陥〟問題に通じて、昨日咲いた花であることをも、いま咲いている花であることをも「咲いた花」と言いあらわす。「尖っている帽子」とはなかなか言わず、慣用的に「尖った帽子」と言ってしまう。現代語の在り方を固定した上で〝解決〟を求めると一語説が有力になる。

なぜ、古典語の知識をここに応用しないのだろうか。通時と共時とは楯の両面だ。共時的にのみ説明するのでなく、通時的な説明を導入する柔軟さが求められよう。古代から発達してきた音便という現象によって説明し去ることが可能なのではなかろうか。音便は言語の運用をスムーズにし、ときに乱暴にし、現代語を成立させ、崩しもする。

長い（長し、長き）　わこうど（若人）　わかんない！（わからない）

思うに、「咲き（咲い）」と「た」とが接合子を通路にして、詞から辞へ、あるいは辞から詞へ、相互乗り入れする日本語の特徴を勘案しなければならない。「咲き」のイ音便「咲い」が「た」と接合すると、「た」のなかの〝辞〟性が「咲い」にはいり込み、また「咲い」の持つ意味が「た」にまで延びてきて、そこに「咲いた」という、意味と機能とを兼ね備える一語性が、固有の場所、文脈のなかで成立する。一般に「咲いた」という一語があるわけではない。

繰り返して言えば、音便形を活用に組みいれてしまうような教え方があるとするならば、疑わしい。

4　飾る、接ぐ、嘆じる

†副詞〈作用詞、擬態詞〉

副詞は自立語に違いないものの、助動辞や助辞を従えることがあまりない。「〜に、〜と、〜て」など、「に、と、て」を従える場合には、それらを含めて副詞としてきた。副詞と言う代わりに、作用詞、擬態詞、作態詞といろんな言い方を考想してよい。おもに単独で修飾語となる。

1　つぎのような「に」を含む固まり。

「固まり」とは、活用語となる可能性があったかもしれないとしても、動きをうしなって副詞になることを言う。三分の一の副詞はこれに所属する。『源氏物語索引』に当たると、

あてあてに　一向に　いまに　おしあてに　おもひおもひに
かたみに　かはりがはりに　くちぐちに　げに
心あてに　こころみに　ことごとに　ことなしびに　こりずまに
さしぐみに　さらに　しのびに　たちまちに　つぎつぎに

つねに　つひに　とさまかうざまに　とみに
なほさらに　なまじひに　ひしひしに　ひたみちに　ひときはに
ひとごとに　一筋に　ひとへに　ひとわたりに　ひねもすに
不意に　べちに　まことに　まだきに
朦朦に　物ごとに　もろともに　ゆるに　よとともに　世に
われかしこに　われさかしに　をりふしごとに

など。これらは形容動詞の語幹ないし一部によく似通う。『源氏物語索引』にはなお「なり」を付けた用例と併存する、つぎのような副詞も挙げられている。

いくばく　いささか　さすが　たえだえ　ただ　なかなか　むべ

見てきた形容動詞に倣って、これらも名容語に位置づけよう。実際の形容動詞に見る名容語と、かさなるのがあまりない理由ははっきりしていよう。つまり、形容動詞とこれらの副詞とで語を分け合っているからに違いない。これらの語が形容動詞になって行ってもよいし、逆であってもよい。事実上、分け合うことで、これらは連用語として固溶化していった。

そのままに　ついでごとに　てごとに
春秋ごとに　ひごとに　ままに
ゆふぐれごとに　をりをりごとに

2　擬態語を「と」で受けた固まり。擬音語も少なくない。

うらうらと　おぼおぼと　からからと　きはきはと　きらきらと
こほこほと　さと　さはさはと　さらさらと　しづしづと
しめじめと　そよそよと　たをたをと　つくづくと
つぶつぶと　つれづれと　はるばると　ながながと　ねうねうと
はなばなと　はらはらと　ふと　ほのぼのと
ほろほろと　むむと　ゆらゆらと
ゆるゆると　よよと　わざと

擬態語の範囲を広く設定することになる。これらの語群はオノマトペイア、擬態語ないし擬音語であると認定できる。タリ活用の形容動詞を髣髴させる。なかには形容詞の語幹に通じる場合もあるようだ。いうまでもなく、現代語にも、トントン叩く、ドンドン進める、ガラガラ崩れるなど、ノイズ起源の副詞は多い。説話や物語に、

ごぼごぼと　びちびちと　いうと

のような、濁音や、「いうと」からはhi:音も推定できそうだ（『落窪物語』二）。「いう」は馬の嘶きで、ヒヒンだろう。

3　形容詞の語幹（態様語）にかかわりそうな副詞をさらに挙げる。

あたら（あたらし）　いとど（いとどし）　いまだ（いまだし）
うたて（うたてし）　おほし（凡し）　すこし　早う（早く）　もし

4　動詞の連用形を「て」で受けた固まり。
おしなべて　かけて　かさねて　かねて　からうして　さしはへて　さだめて
さて　しひて　すべて　たえず　なべて　はじめて　まして　わきて

動詞の連用形に由来する副詞（「ふりはへ」など）は多くない。「え〜ず」（「できない」の意）の「え」は「う（得）」の連用形だったろう。

5　その他、副詞を挙げてみると、名容語近辺に位置する語が多い。
あまた　いかで　いさ　いと　いはむや　いや　いよいよ　うたた　おのおの
おのがじし　かう（かく）　かつ　かつがつ　かならず　ここら　しばし　それそれ
つゆ　なほ　なぞ　など　ほとほと　また　まづ　みちすがら　もとより　やうやう
やがて　やや　やをら　ゆめ　よし　夜な夜な

6　『源氏物語索引』はさらに「名詞か副詞かの判定に困難な場合のある語」を挙げる。雑多ながら、時刻に関する語が多いと見られる。
いつ　いつのほど　いつのま　いにしへ　いま　いろいろ　おのがどち
かたがた　きのふ　きのふけふ　けさ　けふ

こうして見てくると、形容詞の態様語、形容動詞の名容語と、副詞を構成する語群の多くとは、本来おなじ性質の存在であったのが、分岐してきた。ある語は形容詞に所属し、ある語は形容動詞に所属し、またある語は固溶化して副詞になっていったと見ることができる。

代名詞と副詞とを分け切れない語例をも『源氏物語索引』は挙げている。

さ　なに　なにか　なにくれ

活用語連用形は副詞的用法と見て副詞から除外する。しかし、なぜ除外するのか、納得できる説明から遠い。折口は副詞表情という術語で古語の発生状態での修飾語になりうる用法を考察する（「副詞表情の発生」、一九三四）。この方面の探求はこれからだろう。

†連体詞（冠体詞）

連体詞（冠体詞とも）は説話や物語から「ある、さる、きたる、あくる（翌）、かかる、させる、いはゆる、あらゆる、さんぬる、くだん（件）の、故、各」などが挙例される。

自立語という判断でよいものの、すべて他の語（複合語を含む）からの転用と言われる。多く「さ―ある（さ―し―アル）」「いは―ゆる」「くだん（件）―の」というように、分解が可能だ。しかし、固溶化したので、転用を認めて連体詞を立てるのでよい。

『源氏物語索引』の挙げる「この、させる、たが、わが」は、「させる」を除き、「この、たが、わが」について、「こ（代名詞）—の（助辞）」「た（代名詞）—が（助辞）」などと、学校文法では代名詞と助辞とに分けるようだ（現代語で連体詞とする）。『万葉集』などに見る「吾（が）君」「汝妹《なにも》」では、熟していると見るのが自然かと感じられるので、「この、させる、たが、わが」をいずれも連体詞と見るほうに一票を投じたい。

〈させる〉ことなき限りは聞こえうけ給はらず。〔特別の案件がない限りは（手紙を）さし上げたりお受けしたりしませぬ。〕（「若菜」上巻、三―二七六）

明石入道の長文の一節で、「させる」（連体詞）は修飾語と言われるからには、「こと」（名詞の類）に懸かると一般に認識される。否定をあとに従える連体詞と言われる。「させる」は「さ—し—アル」の転で、「さ」は代名詞ないし副詞。

連体詞と見られる「御（おん、おほん）」には、

〈御〉夜中、あか月のことも知らでや、〔夜中、あか月のおんことも知らないでかしら、〕（『落窪物語』三、二八四）

というような、途中の語（ここでは「夜中、あか月の」）を越して「御—こと」と、「こと」へかかる場合もある。

†接続詞

接続詞を認めるか否か、山田孝雄が「西洋文典」を丸呑みする「洋癖家」たちを批判した一つだ（『日本文法論』、国語の単位分類の方法）。たしかに、If I were〜の"If"（conjunction〈接続詞〉）を「もし（〜たならば）」と訳すのはよいとして、この日本語「もし」について接続詞とは認定しがたいだろう（一般に副詞とすることだろう）。しかし、「もしは」「もしくは」となると、接続詞らしさが窺える。こうした微妙さはどこからくるのだろうか。

「あるは笛を吹き、あるは歌をうたひ、あるは唱歌をし、あるはうそを吹き」（『竹取物語』、五人の求婚者）のような、並列させる「あるは」を、副詞とも、接続詞とも、なかなか判定できない。現代語でも「また」を「AまたB」（接続詞）、「A……。またBでもある。」（接続詞）、「またやって来る」（副詞）とする区別など、微妙だ。

〈さらば〉、その子なりけり、とおぼしあはせつ。（それならば、その（亡くなった娘の）子だったのだ、とようやく納得なさった次第。）（「若紫」巻、一―一六二）

源氏の君は、当初、紫上を尼君の娘かと思った。そうでなく、先行する僧都の言から、実際には尼君の孫娘だとここで悟る。紫上の母は「十余年」まえに死去しており、したがって紫上の年齢が十余歳、まあ十二、三歳か、それ以上であることもまたピーンと分かってしまう。実年齢より幼く見えたに過ぎない、と。
時枝によれば、「さらば」は先行文である僧都の会話文を総括して、源氏の考える「その子なりけり」（心内）を起こす。会話の相手の文脈を取りいれており、物語の地の文と無関係に接続させる、ということになる。
接続詞はだいたい他の語句からの転成としてある。
かれ（か―あれ）　かくて　あるいは　および
〔「かれ」は「故」と書かれ、『古事記』に多く見える。〕
さて　されど　しかして　さうして（「そして」＝口語）
口語では従属節の接続助辞が転成したり、
だが　だけど　けれども　がしかし　ですが　で
順接や逆接にかかわったりする。
されば　それで　しかし　しかしながら
なかなか複雑な文としての役割に従事する。
†**感動詞〔間投詞〕**
山田は西洋文典のいわゆる感動詞 interjection を「間投詞」とした上で、「あいよ」「はれ」

「あはれ」「たんな、たんな、たりや、らんな、たりちきら」「はあ」「えゝゝゝゝ」を挙げる(囃し詞)。いわゆる感動詞——「あな」「いざ」「さても」「そよ」など——は副詞と見るようだ(『日本文法論』、同)。

時枝は『国語学原論』において、端的に感歎詞と称し、言語主体の判断や情緒や欲求が、概念過程をへずに直接に音声へと表現されるとする。口語の「ああ、おや、ねえ、よう」を挙げる。つまり、これらは辞にほかならないとして、「暑いね」「遊ぼうよ」の「ね」「よ」と密接な関係にある、とする。もし辞ならば、感投辞、感動辞と言った言い換えがあってよい。

別のところ(『日本文法 文語篇』、文章論)では、これを〝辞の性質を持つと同時に、それだけで「文」として取り扱うことができる性質を持つ〟とする。

ああ、悲しいかな。 あら、面白の歌や。

の、「ああ」や「あな」は後続の文と同格だと言う。後続の文は、感動詞の内容を、分析して叙述したものである、と。小侍従の心内に、

〈いで〉、さりとも、それにはあらじ、いといみじく、さることはありなむや、隠いたまひけむ……(いや、いくらなんでも、柏木の手紙ではあるまい、(そうだったらば)えらくたいへんなことで、そんなことがあるだろうか、(女三の宮は)きっとお隠しになったことだろう……)

(「若菜」下巻、三―三八二)

とあえて思う。「いで」は小侍従が驚くきもちを反転させる役割を持つ。「さりとも、それにはあらじ」は「いで」を分析叙述したものと言う。文としての独立的性質を説明しようとする意見だろう。

感動詞は辞なのだろうか。時枝の説明では、言語としての音声と叫びとの区別が明瞭でない。いや、叫びすら、場面において言語的な意味を表現していよう。

きゃー　あれー

現代人が暴漢に襲われたときに、実際に言うか言わないかを別として、「きゃー」という叫びが用意されている。「あれー」は代名詞「あれ」から来ており、危険を遠ざけようとする遠称の表現なのだと言われる。反対に、近くにある何かを指して「この!」と叱りたい時は近称を利用して表現する。

はい　はあ　へえ　あい　いいえ　いえいえ　いえ　ええ　うん　ううん

ううう!　ん?　いな　いで

と、言語的にイエスやノウのさまざまな段階での応答にメッセージ性がある。辞でなく詞と見たい。応答の「を」は女ことばと言われる。

「いづら、この近江の君、こなたに」と召せば、「を」と、いとけざやかに聞こえて出で来たり。(「さあ、こちらの近江の君よ、このほうへ」と召すと、「おう」と言語明瞭、返辞し申して出てきたよ。」

(「行幸」巻、三―八三)

第八章
敬語、人称体系、自然称

1　尊敬、謙譲、丁寧による人称表示

†「たまふ」（〜なさる、お〜になる）

敬意のあらわし方の一端は「る、らる」「す、さす」をめぐり、第五章で扱った（一六六ページ以下）。この章では「たまふ」（四段活用、尊敬）、「たまふ」（下二段活用、謙譲）、それに「はべり」（丁寧）など、補助動詞に向かう。

敬語と人称とはかかわりが深い。

	たまふ（四段活用）	たまふ（下二段活用）	はべり（ラ行変格活用）
一人称	―	○	○
二人称	○	―	―
三人称	○	―	○

というように、敬語表現は人称表示になりうる（○が人称表示）。

「たまふ」（四段、尊敬）は、靫負命婦《ゆげいのみようぶ》の言に見よう。帝の伝言を伝えるというところ——

若宮のいとおぼつかなく露けき中に過ぐし〈給ふ〉も、心ぐるしうおぼさるゝを、とくまゐり〈たまへ〉。〔若宮がたいそう気がかりな涙がちのなかにお過ごしなのも、心ぐるしくお思いであるから、はや参内しなされ。〕

（「桐壺」巻、一—一一～一二）

みぎの「給ふ」（連体形）は、光宮が喪中の祖母君とともに「過ごしていらっしゃる」（三人称）ことを気がかりだと言う。「たまへ」（命令形）は祖母君に光宮が早く宮中へ帰還することを促す（二人称）というところ。

病床の桐壺更衣は、

御いらへもえ聞こえ〈給は〉ず、まみなどもいとたゆげにて、〔お応えもよう申し上げられなさらず、目元なんかまことにつらそうで、〕

（同、一—七）

と、「聞こえ」は更衣が帝に対して謙譲し、その更衣に対する語り手の尊敬が「給は」（未然形）であらわされる。

はなはだ非常《ひざう》に侍り〈たうぶ〉。〔度を越して尋常でなくござらっしゃる。〕（「少女」巻、二—二八四）

とある大学の博士たちの言う「たうぶ」の例も、準じて思い起こしておこう。

†「たまふ」(〜させていただく)

「たまふ」(下二段、謙譲語)をつぎに見る。

ア　いとかく思ひ〈たまへ〉ましかば。〔まことに、かように考えさせていただいてよかったのならば。〕(「桐壺」巻、一―八)

イ　親のおきてにたがへりと思ひ嘆きて、心ゆかぬやうになん聞き〈たまふる〉。〔親の決めたことに背きおると心に嘆いて、気が済むようではないと聞き申す。〕(「帚木」巻、一―七一)

ウ　亡き御うしろに口さがなくやはと思う〈たまふ〉ばかりになん。〔亡き君のかげ口を申しては慎みがないのではと思い申すばかりで……〕(「夕顔」巻、一―一三八)

アは桐壺更衣のさいごのセリフで、この「たまへ」を未然形のそれと見よう。帝に対し申し上げるたいへん緊張する場面で、重篤の更衣は文末まで言い切ることができない。普通の会話ならば「思うたまへ」とウ音便になってもよいところ、「思ひ」とあって音便にならない丁寧な表現。

イは紀伊守《きのかみ》の言。空蟬が亡き父の宮仕えさせたいという希望に添わず、伊予介の後妻でいることについて、空蟬その人の嘆きを言う。連体形「たまふる」(「なん」の係り結び)の事例で、会話相手の光源氏に対して謙譲する。

ウの「思う〈たまふ〉ばかり」は夕顔に仕える右近の言で、めずらしい終止形の例と認められる。この「思う」は「思ひ」のウ音便。

下二段の「たまふ」が地の文にめったに出てこない理由は、物語の語り手がへりくだる必要のないことに求められる。そして、人物たちの内面を語り手がへりくだる理由もまた薄弱であるからには、心内文にも「たまふ」（下二段）は出て来ない。会話文と心内文との差異がここにある。

「見〈給へ〉知らぬ下人《しもびと》の上をも見給ひならはぬ御心地に」（「須磨」巻、二―三七）は地の文の語例のように見えるから、めずらしい事例となる（誤用という意見もある）。

†「はべり」（〜ござる、〜でございます）

「はべり」は動詞としても補助動詞としても頻用されるものの、丁寧語であることの特質として、ほぼ会話ならびに消息文に限られる。靫負命婦のセリフ――

うけ給はりはてぬやうにてなんまかで〈侍り〉ぬる。（仰せ言をしまいまでお聞き申さぬていで退出してしまいましたよ。）（「桐壺」巻、一―一二）

命婦に対する母君のセリフもまた「目も見え〈侍ら〉ぬに、かくかしこき仰せ言を光にてなむ」（涙で、また子を思う心の闇で）目も見えませぬのに対して、かように畏れ多い（帝の）仰せ言を（闇のなかの）光としてのう」（同）と、「侍り」で応じる。

地の文にはめったに出てこないようでも、

いとうるさくて、こちたき御仲らひのことどもは、えぞ数へあへ〈はべら〉ぬや。（まことにわずらわしくて、ぎょうさんなお仲間どうしの贈り物のいろいろは、とても数えあげられることではございませぬよ。）（「若菜」上巻、三―二六五）

と、語り手のセリフ（草子地）として丁寧語が出てくる。いわゆる地の文と草子地とは分けて考える必要がある、ということだろう。「あいなのさかしらや、などぞ〈はべる〉める」（余計なおせっかいよ、などとござるようですね。）（「関屋」巻、二―一六三）の「はべるめる」は一般に「はべめる」とありたい箇所で、誤用かと見たい。

†待遇表現の二種（素材と対者）

〈尊敬、謙譲〉と〈丁寧〉とは、敬語上のけっして紛れることのない二大区分で、前者を素材待遇表現と言い、後者を対者待遇表現とする。いろんな言い方があるので、ここではそう称しておく。

「ぬかす」とか「ほざく」とかいう罵倒語を敬語体系に組み込むのには、かなり勇気が要るにしても、素材待遇表現としてならば〈敬語〉の範疇にはいってくる。無敬語の場合を含めて待遇表現として纏めてみる。

・素材待遇表現

高い敬語

おはします　おほみ〜　おもほしめす・おぼしめす

しろしめす　せ給ふ・させ給ふ　たまはす　の給はす

きこえさす　たてまつらす　申さす　啓す　奏す

普通の敬語

います・ます　いますがり　おはす　大殿籠る　御《おほん》〜・御《おん》〜　おもほす・おぼす

たまふ・たうぶ・たぶ　の給ふ　めす

きこゆ　申す・申し上ぐ　たまふ（下二段）　たてまつる（四段、下二段）　まゐる

普通の言い方

来《く》　行く　言ふ　見る　思ふ　寝《ぬ》

軽侮語（現代語）

言いやがる　（何言うて）けつかる　（言い）くさる　〜め　〜某

罵倒語（現代語）

ぬかす　ほざく　ど〜　くそ〜

と、五段階に昔からいままで使いわけているのだという。古文には罵倒語〈悪態〉や軽侮語をなかなか見かけないにしろ、かれらの日常生活でならば生き生きしていたに違いない。「せ給ふ、させ給ふ」については、高い敬語表現になるためになぜ「す・さす」〈使役〉が必要か、第五章で扱った〈一七二ページ以下〉。

・**対者待遇表現**〔**現代語を含む**〕

はべり　さぶらふ　候ふ　ござる　でございます　です　まする　ます

など。ただしこれらのなか、「さぶらふ」の非自立語——補助動詞——の例は『源氏物語』に見つからない。

†**二方面敬意**〔**二重敬語**〕

弘徽殿などにも渡らせたまふ御供《とも》には、やがて御簾《みす》の内に入れ〈たてまつり給ふ〉。〔〈帝は〉弘徽殿などに渡りあそばすお供には、〈光宮を〉そのまま御簾のなかへお入れ申しなさる。〕

〔「桐壺」巻、一—一九〕

「たてまつり」は帝の光源氏に対する謙譲〈補助動詞〉で、「給ふ」〈同〉が語り手による帝への尊敬と見よう。ただし、帝が光源氏に対して謙譲する必要はないから、語り手が謙譲していると取る考え方もある。帝への敬意は一般に高い敬意がほしいところだから、「給ふ」でよいかどうか、疑問を持つむきもある。いずれにせよ、謙譲語「たてまつる」と尊敬語「給ふ」とがいっしょに使われており、それぞれ敬意の対象や動作主が違うはずだから、二方面敬意と呼ぶことにしよう。

書き手や話し手、たとえば侍女が自分の主人に対して尊敬語を使う。それはよいとして、その主人が上位の人物に対してへりくだる必要があるとすると、二方面敬意が発生する。

などてか深く隠し〈きこえ〉〈給ふ〉ことは〈侍ら〉ん。〔どうして深くお隠し申しなさることはございましょう。〕（「夕顔」巻、一―一三七）

「きこえ」（謙譲語、補助動詞）、「給ふ」（尊敬語、同）、「侍ら」（丁寧語、動詞）という三種が並ぶ。「きこえ」は光源氏に対する故夕顔の謙譲、「給ふ」は侍女右近の夕顔に対する尊敬、そして「侍ら」はこの場にあって光源氏をまえに丁寧語を使う。

†自称敬語

ある尊貴な人（神を含む）が、自分で自分に敬語をつける、というふしぎな現象が古文には出てくるようで、それを自称敬語とか自分尊敬とか言う。

御門、「などかさあらん。なほ、率て〈おはしまさ〉ん。」とて、〔帝が、「どうしてそんなことがあろう。それでもやはり、連れていらっしゃろう。」とて、〕（『竹取物語』、みかどの求婚）

ということろ、きわめて身分の高い人（や神）に限られる表現で、帝がかぐや姫に求婚することは自分尊敬が出てくる有名な箇所としてある。

しかし、『源氏物語』のような写実の文学に見ると、なかなか見かけない。先述した靫負命婦の言のうちにあった（二八二ページ）、「露けき中に過ぐし給ふも、心ぐるしう〈おぼさる丶〉を」の「おぼさる丶」は、帝への尊敬が命婦の伝言のうちに混じってきた例で、帝の自称敬語のようになった。

2　物語の人称体系

†談話の人称と物語の人称

一般に古典演劇の類推で、己れが「私が〜、自分は〜」と語り出すと、第一人称（略して一人称、以下おなじ）、向き合う相手に向かって「あなたが〜、君は〜」と語ると、二人称、共通の話題について（たとえばここにいない人について）「かれが〜、彼女は〜」と語ると、三人称ということになる。

談話では「私が」「あなたが」「かれが」だけでなく、自分を語る語りを広く〝一人称語り〟

とし、自分が見聞する語りも一人称視点のそれなどと言う。あなたについての語りが二人称のそれ、〝舞台〟外の事件や背景、過去の記憶など広く場面性を持つ語りが三人称のそれということになる。その限りでならば問題にならない。

物語になると、たちまち複雑系の話題になる。人称体系を提示してしまおう。

	物語の人称	談話の人称
物語人称	四人称	—
三人称	三人称	三人称
二人称	二人称	二人称
一人称	一人称	一人称
語り手人称	ゼロ人称	—
作者人称	無人称	—

物語には物語作者と別に、作中に語り手がいる。むろん、語り手のかれまたは彼女は虚構的な人物であって、物語のなかを親しく見聞することができ、物語の主人公たちの動静をよく知る立場にある、と設定される。物語はかれまたは彼女が語るというのがたてまえだから、主人公たちをよく知る人でないと語れない。でも、神のような全知ではないようで、いろいろ知らないこともあり、知っていても工夫して語ったり、語らないでおいたり、錯誤もあろうし、

「きょうはもう語りたくないから止める」などと物語の舞台のそとがわへ出てきて読者に話しかけることをもする。

そこで耳慣れない四人称やゼロ人称が出てくる。

†物語人称〔四人称とは〕

従来だと、主人公の〝私〟も、語り手の〝私〟も、そして作者の〝私〟も一人称で済ましてきた。そうすると一人称が三種、かさなってしまう。それを分けようという提案だ。

物語人称は作中人物たちについて、その会話、心内などを含めて語り手が語る。語り手によって引用された人物たちの語りや内面だから〝引用の一人称〟とも言われる。柏木が最初に女を見た場面に見ると、

木丁《きちやう》の際、すこし入りたる程に、袿姿《うちきすがた》にて立ち給へる人あり。階《はし》より西の二の間の東のそばなれば、まぎれ所もなくあらはに見入れらる。紅梅にやあらむ、……〔几帳のわきを少し入っている距離に、袿姿で立ちなさる人がいる。階より西の二の間の東のそばなので、何の邪魔もされずすっかりそとから見ることができる。紅梅であろうか、……〕（「若菜」上巻、三―二九六）

と、これは物語叙述であるから、語り手が柏木という男主人公について語る。柏木について語ることは、三人称であることが期待されるし、事実、そう認定して困ることは何も起きない。

語り手にとって、当事者でない物語上の人物が、素材として、いわば第三者として、表示はともあれ、人称の第三項であることはゆらがない。

その三人称である柏木が、自身の一人称視点で女三の宮を「紅梅にやあらむ、……」と食いいるように見つめる辺りから、かさなるのは主人公の三人称に柏木自身の一人称が、でなければならない。三人称の主人公が〝私〟という一人称になって見たり考えたりする。それはどんな人称なのだろうか。

猫のいたく鳴けば、見返り給へるおももち、もてなしなど、いとおいらかにて、若くうつくしの人や、とふと見えたり。（猫がえらく鳴くから、見返りなさりある面持ち、もてなしなど、まことにおっとりして、若く、ああうつくしい人よ、とふと見られてある。）（同、三―二九七）

みぎもまた語り手の柏木をめぐる、三人称叙述以外ではない。しかも、「いとおいらかにて」から主人公の内面にはいりこみ、「若くうつくしの人や」という感嘆をもらして、また「〜とふと見えたり」へと叙述を引きもどす。「ああ何と若く愛らしい人であることよ」と、そう見る主人公への叙述としてある。柏木の内面で思う、こんなのは一人称叙述がかさなる。語り手が人物たちの内面を〝引用〟する語りということになる。

つまり、二つの人称のかさなりをここに観察することができる。こういう人称のかさなりは、物語だから生じたことである以上、取り立てて文法表示にそれを言い当てることができなくとも、物語人称というふうには認定する必要があろう。アイヌ語に見られる、そのような、主人公たちの一人称が、物語を初めとする引用その他で、改めて表示される諸言語ならば、四人称ということになろう。

つまり、みぎのことは、アイヌ語をヒントとして、日本語での物語人称の認定をすることになる。

†アイヌ語の語り

アイヌ語は日本語の隣接語。諸言語のなかでもだいじだから、向き合うことにする。四人称はアイヌ語の参加によって、普遍物語文法へ登録されることだろう。アイヌ語の四人称は、包括的一人称複数、二人称敬称、不定称、および引用の一人称において発現する。一般に会話文のなかに引用される第三者の〝私〟は一人称でなく四人称を見せる。

〝包括的〟とは周囲のだれをも含む〝われわれ〟（わたしたち）。カムイユカラの場合には排除的一人称複数を見ることがある。〝排除的〟だと神々の世界などでの〝自分たち〟だけをあらわすことになる。

主人公の提示が、欧米的な人称の区別によって三人称の語りとすると、アイヌ語では人称接辞を示さないことによって、三人称となる。人称接辞によって、一人称であるか、二人称であるか、四人称であるかを提示する。欧米語の基準によるならば、三人称である主人公が〝みずからを語り、あるいはみずからの視野で思ったり、見たりする語り〟は、「四人称を持たない諸言語」(欧米語、日本語など)の場合、一人称で表現する。アイヌ語ではそれが四人称になる。

日本語の語り(あるいは物語文法)に、応用できないことだろうか。三人称の主人公であるひとたちが、みずから思ったり、視線を持ったりする内面の語りは、文字通り一人称と三人称とのかさなりであって、累進させて四人称というのにふさわしい。

†ゼロ人称〔語りとは何か〕

語り(具体的には語り手)の主体が「私は頭痛がするので今夜の語り、終るね」などと、表に出てきておしゃべりすることがある。そのようにおもてに出てきて言う「私」は一人称(草子地)でよいが、普通には語りを背後から支える表現の真の担い手、語りそのものを統率する人格的な何者かとして隠れて存在する。

ゼロ人称とそれを命名したい。

御衣《ぞ》の裾がちに、いと細くさゝやかにて、姿つき、髪のかゝり給へるそば目、言ひ知らずあてにらうたげなり。夕影なれば、さやかならず奥暗き心ちするも、いと飽かずくちをし。

〔お召し物が裾たっぷりで、ほっそりとささやかに、姿つき、髪のかゝりなさる横顔は、言いようもない気品があって、あいらしげだ。夕日の光なので、はっきり見えず奥の暗い感じがするのも、まことに飽き足らなくくちおしい。」（「若菜」上巻、三―二九七）

女三の宮のあいらしさを、語り手がほとんど柏木の目と思いとになって語るのは、物語人称（四人称）と称して不都合ないが、それとともに、語り手が構築する語り世界を背後から支える表現そのものの主体にも、人称はなければならないのではないか。構築される表現を統率する下支えによって「言ひ知らずあて」に「らうたげ」と描写する、あるいは「いと飽かずくちをし」と本文に纏めてゆく、表現主体に語りじたいの持つ人格を認めようと思う。それを語り手人称あるいはゼロ人称とする。

†無人称、詠み手たちの人称、物語歌

物語作者の人称は無人称と認定する。物語作者が作品の表面にあらわれることは、絶対にと言ってよいほどなく、虚人称と言い換えてもよい。『源氏物語』の作者と目される紫式部が『源氏物語』に登場することはありえない。物語のなかのうたは七百九十五首すべて、紫上や明石の君や光源氏その他の詠み手の〝作歌〟であって、『紫式部日記』のなかにも、『紫式部集』（家集）のなかにも、彼女の作歌としてそれらが出てくることはない。物語歌というのは作中人物が詠み手となっているそれらを言う。

詩歌では（物語歌と違って）詠み手が作者とかさなったり、そうかと思えばかさならなかったりする。

恋すてふ〈わ〉が名は—まだき立ちにけり。人知れずこそ—思ひそめしか

（『拾遺集』十一、恋一、六二一歌）

恋してるという私の浮き名は、早くも立ってしまいあることだ。他人に知らせぬようにして、恋し始めた（あのときだったのに）

忍んだ恋だったのに、世間に知られるに至る、と詠む壬生忠見の名歌で、内裏歌合では微妙な判定で「負」となったことで知られる。この作歌で言うと、作者は歌中の「わ」（＝われ）と別個にある。極端に言えば〝女歌〟であってもよい。よって作者と詠み手とは別の人称でなければならない。

詠み手はこのような場合、物語歌に非常に近づく。物語の作中人物になって詠んでいるとも言える。

一方で、うたは作者の「思い」に近づく場合が多い。そのほうが絶対数が多いと言われるべきかもしれない。

定家朝臣母、身まかりてのち、秋ごろ墓所ちかき堂にとまりて詠み侍りける

まれに来る夜《よ》はも—かなしき松風を、絶えずや—苔の下に聞くらん

（『新古今集』八、哀傷、七九六歌）

まれまれやって来る夜半（だけで）も（わたしには）悲しい松風の音なのに、

ひっきりなしに（あなたは）苔のしたでいまも聞いているのでは……

〈わが悲しみは〉〈わが妻を思う心は〉などと、客体化したり対象化したりせずに、この俊成作歌の表現全体が文面にあらわれぬ亡妻へ向く、と時枝は言う（『文章研究序説』、山田書院、一九六五）。このうたの真の主体は詠み手の感情そのものだ、となるほど受け取れる。詠み手というのは五七五七七のうちへ化転させられた「わたし」だ。こういうのを物語的主人公のうたとは、読者のきもちとして（あるいは作者そのひととしても）、なかなか認定しがたいと思う。だから、「われ」という一人称の文学であることを、詩歌の本性として、むきに否定する必要はなかろう。

3　自然称、鳥虫称

貫之の屏風歌である、

思ひかね、妹《いも》がり行けば、冬の夜の、河風寒《さむ》み、千鳥鳴くなり（『拾遺集』四、冬、二二四歌）

恋しさに耐えられず、愛人のもとに訪ねてゆくと、冬の夜の、

河風が寒くて、千鳥の鳴くのが聞こえる

には、「冬の夜の、河風」が寒いという自然称、および「千鳥」が鳴くという〝鳥〟称を見る。この「河風が寒い」というのはどういう人称かと探っても、従来の人称概念に対比させるならば、自然称 nature などというべきだろう。それと同様で、千鳥が鳴くのは擬人称と言うべきか、〝鳥〟称であり、虫ならば〝虫〟称という、あわせて鳥虫称とでも命名しておこうか。ここで非人称などというと、person でない事柄なのに人称 person を前提にしてのみ成り立たせる言い回しであるから、それはちょっと避けたい。

雨は冷やゝかにうちそゝきて、秋はつるけしきのすごきに、うちしめり濡れ給へるにほひどもは、世のものに似ず艶にて、（雨はつめたく降りそそいで、秋の果てる風景が寒々とするうえに、すこししめり（時雨に）濡れておられる（お二人の）芳香は、この世のものならず優雅で、）

（「総角」巻、四―四二九）

自然 nature があって、そのなかを人物 person が進んでゆくという関係を、自然称と人称とのかかわりで捉えてみようと思う。みぎのような文体には、十分に人間的自然が感じられると言えるとしても、語り手がそうし向けている。雨、秋の風景、芳香などを自然のうちに位置づけておきたい。

〈It rains.〉式に表現して、欧米的文法学説の人間主義は人称を前提とする。自然や生物、無生物を非人称 impersonal と称するのは、もっと自然を回復させたいようにふと思われる。懸け詞のあるうたに至っては、どうしよう。

あな恋し。はつかに人を―みづの泡の、消え返るとも―知らせてし哉《かな》

（『拾遺集』十一、恋一、六三六歌）

ああああ恋しい。ちらっとあの人を「見つ」と言いたい。「見つ」ならぬ、水の泡みたいに消えいるわたしだと、知らせたいことよ

水は midu（ミドゥ）というような発音で「見つ」mitu（ミトゥ）に近い。水は自然にある存在。見ることは人々の行為。つまり、「人を見つ」〔そのひとを見かけたところ〕というのは人称でよく、「水の泡が消える」というのは自然称、そして「消え返らんばかりに煩悶する」は人称だから、懸け詞が「称」から「称」へ渡り歩いて一首のうたを紡ぐ。そういう技巧の世界がうただということをこれは教えてくれる。

終　章　# 論理上の文法と深層の文法

†論理上の文法

A詞（名詞の類）からB詞（動態詞）へ辿ると、一文の趣旨じたいは論理的に一貫する。「何がどうする」「何がどんなだ」「何が何だ」という、三つのパターンがあるとは、よく言われる通りで（二三三ページ以下）、いずれも、A詞とB詞との関係を辿るならば、論理上の整合性がある。論文にしろ、記事にしろ、随筆にしろ、趣旨として意味の流れがそこにあることを〝論理的〟あるいは〝論理上〟と言いたい。

「A詞がB詞する」（動詞文）「A詞がB詞だ」（形容詞文）「A詞がA詞だ」（名詞文）から成り、「A詞が〜」のA詞を論理上の主格として認定しよう。

ⓐ　北山になむ、なにがし寺といふ所にかしこきおこなひ人侍る。〔北山にのう、何某寺という所に霊験あらたかな行人《ぎようにん》がございます。〕（「若紫」巻、一―一五二）

これの「かしこきおこなひ人侍る」を分析すると、

「〔かしこきおこなひ人（A詞）〕ガ（C-ji）」侍る（B詞）。

となる。ガ（C-ji）は隠れているので∅（＝ゼロ）と見なす。B詞のあとにも全体を受けるC-jdが隠れていよう。

ⓑ　海竜王の后になるべきいつきむすめななり。〔海竜王の后になるはずの函入り娘といううわさです。〕　（同、一―一五五）

は、話題のひと、明石の君を補うと、

〔「（明石ノ君〈A詞〉ハ〈C-ji〉）海竜王の后になるべきいつきむすめ（A詞）」なり（C-jd）。

となろう。「A詞が〜」が述部「A詞だ」を従えるという基本の構文だ。

†深層から下支えするもう一つの文法

論理上の文法を下支えする、もう一つの文法が深層にあるのではなかろうか。みぎで言えば、C-jdやC-jiに、主体的表現を見いだすことができる。ⓐもⓑも、ともに語り手が論理上の文法として提示したA詞やB詞と、C-jd〜C-jiとの関係を有する。A詞B詞に対する、語り手の現在に所属するC-jdからC-jiへの流れという、もう一つの文法がここにある。

ⓒ　この思ひおきつる宿世《すくせ》たがはば、海に入りね。〔こうして心に決めてある将来の運命がはずれるならば、海にはいってしまえ。〕　（同

のように、〈この思ひおきつる宿世（A詞）たがは（B詞）ば（C-ji）（ソナタハ〈A詞＝ゼロ〉）海に入り（B詞）ね（C-jd）〉というような、〔A詞B詞〕C辞〔A詞B詞〕C辞が延々、つづけられる。C辞が〔A詞B詞〕を支える関係にある。

構文はこうして、A詞からB詞へと論理的に流れる一筋と、それを支えるもう一つのC-jdからC-jiへの主体的な流れという、表層／深層の関係になっている。

A詞 →B詞（あるいはA詞）　　論理上の流れ

C-jd～C-ji　　主体的な支え

このことを、あまりにも当然のことだと言って済ましてよいのだろうか。詩歌について考えてみよう。詩歌には懸け詞による技法が知られる。懸け詞とは何か。文の論理上の一貫性を一旦、裏切る技法ではあるまいか。あるいは序詞《じょことば》という詩歌の特徴もよく知られる。やはり、論理的な文の纏まりに破綻を呼び入れる技法にほかならない。このことを文法的にどう説明すればよいのだろうか。技法の裏切りや纏まりの破綻は、「正しさ」を求めることが文法の目的だと心得ている人々にとって、すこぶる困る事態が起きたことになるのではないか。

†懸け詞はpun（地口）か

教室や参考書では、〝だじゃれ〟とまでは言わなくとも、欧米でのpun（パン、語呂合わせ）に思い合わせて、地口が単なる言葉遊びであるのに対し、懸け詞を日本語において美的効果のある「文学的技法ですよ」と強調する。私もそれを文学上の技法だとは思うものの、pun のだじゃれに対して、〈春／張る〉や〈離《か》る／枯る〉や嵐と「あらじ」とのひっかけのほうが美的か、説明に窮する。

傘作りの職人が〈骨折って参った〉（狂言「秀句傘《しゅうくがらかさ》」）という地口は美的か、否か。すくなくとも近代短歌では否定される技巧であり、現代歌人の興味からも遠い。

だれもが古典短歌を（あるいは古典でなくとも短歌を）言語的世界だと了解する。言語的世界ならば、文法がそのなかに見いだされてよいと思われるのに、懸け詞をどう文法は扱えるのだろうか。文法の基本で強調されるのは文としての統一性だろう。一つの文が二つ以上の意味世界に分裂して読み取られるとしたらば、文法的違反であって、そういう〝誤り〟を許さないためにこそ「規範はあるのだよ」と、文法家は言うだろう。文法的に矯正して正しい文にするために先生がたは腕を揮う。

もし〝文法違反文〟を見つけた場合に、喜んでペケを付けるか、それとも詩だから、あるいは言葉遊びだからと許容する（poetic license〈破格〉と認定する）か、どちらかということになる。

†詩歌の技法とは〈懸け詞、序詞〉

けっして語呂合わせではないのが懸け詞ではないか。懸け詞を持つ短歌のすべてが、上句《かみのく》なら上句で懸け詞により、論理的破綻を呼び入れるとすると、けっしてそれで終わることなく、すらりと一編の詩として立たせながら、下句《しものく》のさいごになってみごとに言語的な統一した世界を現出させる。深層から下支えする文法の働きにほかならない。

津の国の難波渡《なにはわた》りに造るなる、小屋《こや》（＝来《こ》や）と言はなむ。行きて見るべく
（『拾遺集』十四、恋四、八八五歌）

摂津国（大阪府）の難波の渡船場に造ると聞く、小屋（じゃない）、「来《こ》や」（来なされよ）と言ってほしい。行って逢えますように

懸け詞を利用した、序詞の例だ。〈津の国の難波渡りに造るなる〉（＝序詞）小屋《こや》。これで論理的意味が通っている。「〈来や〉と言はなむ。行きて見るべく」という下句も論理的意味を持つ。一首のなかに二つの意味世界が懸け詞（一音「こや」に「小屋」と「来や」とがある）を橋渡しにしながら併存する。さらには地名「昆陽《こや》」をも響かせて、三重にしてある。これらを下支えする表現者の主体に文法を求めてよければ、一首として統一した短歌的世界を現出させたのはそのような深層の文法だ。

さしながら、ひとの心を見（＝み）熊野の浦の浜木綿《はまゆふ》、幾重《いくへ》なるらん
（同、八九〇歌）

さしてずばり人の心を見る、の「見」ではないが、み熊野の、

浦の浜木綿は何重でがな、あるのかしらん

「さしながら」はよく分からないので措いて、「ひとの心を見」ることと、「み熊野の浦の浜木綿」とを、「み（見、み）」で橋渡しさせながら、〈あなたが私を疎み隔てる心はいったい幾重になっているのかしらん〉と怨む。うたのさいごに統一的人格が出てきて統率する。このような統一する表現者に深層の文法を背負わせようということだ。技巧であるとともに、言語であるからには文法として理解できるのではないかと言いたい。

†二語が同音を共有する

懸け詞は二つの技法から成る。第一に、同音が二語を共有し対比させる。

梓弓《あづさゆみ》―〈はる〉の山辺を、越え来れば、道も―避りあへず、花ぞ―散りける

（『古今集』二、春下、一一五歌）

梓弓を張る、ではない、春の山辺を越えて来ると、道もせに、避《よ》けきれないほど、花が散ったということよな

「張る」は「春」と同音ハルであることによって、懸け詞性が起きてくる。耳からはいってくる同音によって〝二重の言語過程〟が生じる。「梓弓（枕詞）―張る」においては「張る」の概念をのみ有し、「春の山辺」においては「春」の概念のみをもって下文につづく。ハルという

同音を介して文が分裂する。その媒材が共通音であることから、これを懸け詞ということができる、と言い換えたい。共通音をもって喚起される二語の概念の間には、

明瞭な対比が意識せられている

ということを押さえるべきだと、時枝誠記は論じる（『国語学原論』、懸詞による美的表現）。「梓弓―はるの山辺を」歌について、「梓弓張る」は「春の山辺」に対して、いかなる論理的意味においても連関を持たない、と時枝の言う通りだ。

繰り返して言うと、全体に統一されるのは、耳からはいるハルという音《おん》が、二重過程によって一方は「梓弓」に連なり、他方、「の山辺」に接続させられるために、保持される対比関係があるからで、論理を超越した一の連想関係によって結ばれる。そのような連想を支える主体的なありようを深層の文法として位置づけたい。

†一語の多義的用法

もう一つの懸け詞の技法は、

独り寝《ぬ》る床《とこ》は―草葉にあらねども、秋来るよひは―〈露けかり〉けり

（『古今集』四、秋上、一八八歌）

独り寝するベッドは草の葉っぱじゃないけれど、秋が来て、

飽きが来て、あなたの来ない夜は涙で濡れてぐっしょり
を見ると、「秋」と「飽き」とが懸けられているとは〈同音が二語を対比させる〉用法で、それはよいとして、もう一つ、「露けかり」に〈自然の露けき〉意と〈心の悲しき〉意とが、二つの観念として截然と対立させられている、これは懸け詞と言われなければならない、と時枝は言う。〈自然の露けき〉意の「露けし」と、〈心の悲しき〉意の「露けし」とは、たしかに別語の「露けし」であるとなかなか言うことができない。

「露けし」は露を含むこととともに、涙に濡れていることの比喩でもあるから、単に心が湿っぽい状態というのでは、時枝の説明に不足を感じるにせよ、一語「露けし」の意味のはばを利用する懸け詞としてあるとは認めてよいだろう。同語に潜むはばを利用して、論理上には繫がらないはずの、自然と人間の心との対比が浮かび上がる。

『広辞苑』(掛詞・懸詞の項、電子辞書版)の、「同音異義を利用して、1語に二つ以上の意味を持たせたもの」という懸け詞の定義はしばしば引かれる。しかし「同音異義を利用」するのは二語についての説明だし、「1語」の場合には意味のはばを利用する懸け詞であって、懸け詞の二つの技法を一つにする説明と言うほかない。

一般にならば、論文でも、随筆でも、意味上の限定や分別にわれわれの作文は汲々とする(どちらの意味に取るのがよいかといった思案をする)というのに、古典の詩歌だと意味の二つ(あるい

は三つ）を、同時に成り立たせてあっても許すのだから、ふしぎだ。深層の文法はそんなふしぎさを支えてくれるということだろう。

ちなみに、懸け詞の流行のためには文字がかかわる、という意見を以前に持ち出したひとがいた。著名な言語学者のそれだったために、嵐と「有らじ」というような清濁を越える懸け詞の成立に際して、かな文字が介在したろうと、その意見に従う人が少なくなかった。ちょっと考えれば分かるように、文字が介在すると懸け詞ばかりか、地口も、どんな言葉遊びも成り立たなくなる。純粋に耳で聴いての愉悦が懸け詞という美なのだろうと私には思われる。論証も反証もできないことなので、ここに書きとどめるだけにしておこう。

†枕詞と序詞

枕詞は、だいじな詩の技法としてあまねく知られ、多く『万葉集』に見いだされるほかに、古代歌謡にもかず多くあり、修辞として欠かすことができない。

そらみつ　あきづしま　むらきもの　ぬえこ鳥　玉だすき

何といっても日本文学の最初期をかざる、重要な決まり文句としてあった。最初期をかざるとは、千数百年前の文献に見られ始めた時に、すでにピークを越えた、終りつつある言語文化だったはずだ。

枕詞は下にかかる語とのあいだにそもそも比喩的関係を有する。「梓弓—張る」は、「張る」多くの、洗い張りの布でも、テントでもを並べて、そこから梓弓を選ぶということじたいに比喩がある。「張る」から同音によって「春」を導くところにも比喩がある。

梓弓—（比喩的関係）—春／張る

枕詞と序詞とは、一見、正反対の機能——一方はきまり文句で一方は自由な創造部分という——を持っているように見えながら、その本質はきわめて似た性質だと言わざるをえない。序詞にも、たとえば、

露の—（比喩的関係）—消ぬべく

とのあいだに比喩の関係がよこたわる。

トもし火ノひかりに見ゆるさゆりばな—ゆりも—あはむトおもひソメてき（『万葉集』十八、四〇八七歌）

さゆりばな—ゆりも—あはむトおもへコソ—いまノまさかも—うるはしみすれ（同、四〇八八歌）

前者の「……さゆりばな」は序詞としてあり、後者の「さゆりばな」は枕詞としてある。本質上の違いはほとんどない、といわざるをえない。

比喩の関係があるところは文に屈折を生じている箇所で、そこを成り立たせるためには深層

からの統語能力が発揮される。

†縁語という喩

縁語という技巧を見ると、後代の歌学によって次第に認識されてきたと言えるにしても、『万葉集』時代に目立つその意識があったとは思われない。後代にはいると、ある語とある語とが縁《えに》し（意味的繫がり）を持つことを意図的に採り入れて、技巧的に作歌するということをする。かならず懸け詞に付随して、というところに特徴がある。

青柳《あをやぎ》の糸よりかくる春しもぞ―乱れて花の、ほころびにける　（『古今集』一、春上、二六歌）

青々とした柳の糸を縒り掛ける春という時も時、

花が乱れてほつれ、ほころんできましたよ

〈糸、より、かくる、乱れ、ほころび〉が縁語を構成する。花が開くことを糸のほころびに響かせる。この「花」は柳のそれだろうから、〝ほころぶ〟という語のふくらみに注ぎいるようにして（懸け詞である）、縁語の糸が撚りあわさってゆく。

初雁の―はつかに声を聞きしより、中空にのみものを思ふかな　（同、十一、恋一、四八一歌）

初雁を聞く、そのようにわずかにあなたの声を聞いた時から、

空のまんなか、宙にばかりぶら下がり、もの思いするのかよ、ああ

〈初雁、声、中空〉が縁語で、その〝声〟は雁の鳴き声に恋する相手のそれをかさねる。〝中空〟＝空中にあるとは宙ぶらりんの心的状態をそのままあらわす。いずれも懸け詞というように判断したい。恋しいひとの声を初雁のそれにずらし、中空の意味を、雁の飛ぶそれと、宙ぶらりんの心的状態とにあい渉らせており、そこに詩的効果がねらわれたのだとすると、懸け詞の近辺で縁語が成立していることになる。

縁語は本来、懸け詞が、万葉歌のような、心物対応を成り立たせるための道具としてあったことから、平安和歌に至って複屈折し始めるとともに、いわば自由な位置を取ることができるようになり、自在さを獲得してきたことに見合って、それらの懸け詞に付随し、意図的に効果が求められるようになる。

やや気取って縁喩というようにも名づけたい。

†心物対応から複屈折へ

心物対応構造は重要な万葉歌の特徴で（鈴木日出男『古代和歌史論』、東京大学出版会、一九九〇）、序詞を説明する。序詞の箇所に「物」が詠まれ、本意の箇所に「心」が詠まれる。「心」がありふれた常套句であるのに対し、作歌の腐心は「物」の考察ないし表現にあるとされる。

明日香河《あすかがは》、河ヨド去らず、立つ霧ノ―念ひ過ぐべきこヒに有らなくに

明日香河の河淀から離れず立つ霧が、すぐに過ぎてゆく、
すぐに過ぎてゆくはずの恋の思いではないというのに
（『万葉集』三、三二五歌）

について見ると、「明日香河、河ヨド去らず、立つ霧ノ」が「物」で、創意ある序詞であるのに対し、「念ひ過ぐべきこヒに有らなくに」という「心」には類句を持つ作歌がいくつもある、という『万葉集』の類歌問題に発展する。「物」と「心」とを結ぶボンドこそは、深層に仕舞われてあるうたを一首に統率する能力ではないか。

その心物対応という構造は『万葉集』において単屈折というべき装置であったのが、平安時代にはいり、複屈折をいくらも呼び込んで、比喩の饗宴になる。

†「うたのさま、六つ」

『万葉集』の分類と『古今集』仮名序の〈うたのさま、六つ〉とを並べると、

寄物陳思　「なずらへ歌」
正述心緒　「ただこと歌」
「譬喩《ひゆ》」歌　「たとへ歌」

というように、だいたい対応する。「寄物陳思」はだいたい序詞を持つうたで、心物対応構造

を有し、比喩のあるうたの代表となる。

きみにけさ、あしたの霜の―おきていなば、こひしきごとに―消えや―わたらむ

（『古今集』仮名序）

上句、「霜の―置く」と「起きて往ぬ」というところで屈折し、下句の「消え」のはばを利用してふたたび屈折する。「物に寄《よそ》へて」と訓めるかもしれない。

それに対して「正述心緒」歌は、逆に〃無喩〃と言える。『歌経標式』に言う「直語《ただこと》」であり、「ただこと歌」ということになるが（「正《ただ》に……述ぶ」の「正《ただ》」は「ただこと」の「ただ」）、比喩によらないで作歌することじたいに詩的積極性があり、「寄物陳思」との対比という点でも〈比喩の種類〉にかぞえ立ててよい。直喩歌と称してよかろう。

いつはりのなき世なりせば、いかばかり、人の言の葉うれしからまし

（『古今集』仮名序）

もしいつわり言のない世であったとするならば、

どれほど他人の言うせりふがうれしかったことだろう

†「譬喩」歌〈懸け詞が消える〉

「譬喩」歌は、「寄物陳思」から読み進めてくると、突然、懸け詞が消える。この懸け詞をうしなうという印象は強烈で、〃寓喩〃歌の成立をここに見るしかない。

軽（ノ）池ノ汭《うらみ》廻《ゆき》往転《ゆきみ》る、鴨すらに、玉藻ノ於《うへ》に、独り宿《ね》なくに　（『万葉集』三、三九〇歌）
軽の池のなかをぐるっとめぐる鴨ですら、
玉藻の上に独りでは寝ないのに

これが『古今集』に来ると「たとへ歌」になるのだろう。〈うたのさま、六つ〉ののこりを挙げると、「そへ歌」は諷喩歌というより、例歌から見るならば讃歌であり、「いはひ歌」（祝歌）とペアになる。「かぞへ歌」は物名《もののな》で、懸け詞や縁語を多く見かける。

咲く花に思ひ―つく身のあぢきなさ。身にいたつきの―いるも―知らずて　（『古今集』仮名序）
咲く花に心が取り憑くツグミ、アヂカモ。味気ないったらないね。
身に病気がはいる（ではない）矢尻がぐさり射込まれるのも気づかないで

〈つぐみ、あぢ、たづ〉（鳥の名）が隠され、「いたつきの―いる」は〈病気がはいる〉のと〈矢尻が射る〉のとを懸ける。このばらばら感と統一感とをどんな文法で支えているのだろうか。ばらばら感だけで見ると言葉遊びでも、ちゃんと景物と心情とを詠み込んだ統一感には、及第点を与えることにしよう。

†文法と修辞学

さいごに、文法と修辞学との関係について。

懸け詞や序詞、あるいは枕詞にしても、縁語にしても、比喩法の範囲で修辞学として従来、扱われてきた。言語事項であるにしても、文を分裂させるような技法ならば、文を「正しく」成り立たせるためにあると言ってよい、文法という視野とは、まるで反りが合わない、むしろぶつかり合う性格であるように思え、それらを文法事項として認識することは避けられてきたかと思う。

文法と修辞学とは、古典ギリシア以来、中世を通しても、また近代の大学制度での教養課程としても、言語事項の基本にある二大区分であって、たがいに顔を背けてどうなることでもない。『言語学大辞典』6（「修辞学」項）に、

> 文法（τέχνη γραμματική, ars grammatica）が recte loquendi scientia「正しく喋る知識」であるのに対して、弁論術、すなわち修辞学（τέχνη ῥητορική, ars rhetorica (oratorial)）は「立派に論じる知識（bene dicendi scientia）」と定義される。

とある通りで、じつに文法と修辞学とは、「正しく」話すことと「立派に論じる」こととを分け合う。後者、修辞学は概して言文を立派に述べて、聞く人を引きつける技術だから、うたに

懸け詞があったり、そこに序詞、縁語があったりすると、聞くひとが耳をそばだて、詩的な緊張が生まれて、つよい効果をもたらす。

そのような懸け詞にしろ、序詞にしろ、縁語にしろ、すべて言語のなせるわざであるからには、けっして突飛なナンセンス文に終始するのでなく、あるいは一旦、突飛に見せかけても、深層の決まりに従う文法的な統率のもとにもどってくるはずだ。よって文法と修辞学とは切り離せない。

文法は「正しく」話すために必要視され、求められてきた。だから文法が規範文法であるのはよい。私の本書はその結果を記述するのに終始せず、文がいかにして成り立つかにまで踏み込んでみた。「正しい」とされることをその深層で同意しようとする試みとしてある。

おわりに

†歴史的かな遣い

文法とは本来、書く技術のことと言われる。文字なんかなかった時代から、文はずっとあったのだから、古典ギリシア以来のその意見にはあまり従わなくてよいにしても、日本社会での漢字の受けいれ、万葉がなという工夫、ひらがな／カタカナの創生といった、文字文化の多様性のなかから〝文法〟を再発見する試みは、日本語の豊かな可能性のうちにいまもあると思いたい。

『万葉集』は漢字だけで書かれているように見えても、実際には漢文語から学びおぼえ、訓読する漢字の部分（助字を含む）と、漢字の音その他を使って読む部分（いわゆる万葉がな）とが、きっぱり分かれていて、しかもそれらが交互に出てくる。

阿騎《あキ》ノ野《の》に、宿《やド》る旅人《たびびト》、打《う》ち靡《なび》き、寐《い》も─宿《ぬ》らメやも。古《いにし》へ念《おも》ふに

阿騎乃野尓、宿旅人、打靡、寐毛宿良目八方。古部念尓　（『万葉集』一、四六歌）

一千数百年を越えて後代のわれわれが読めるように書いてくれてある。かれらの音韻を正確無比に書きあらわそうとしており、そこにかな遣い問題は起きない。

万葉末期（奈良時代後半）から万葉がなが使いこなされるようになって、九世紀になるとひらがな／カタカナが誕生する。もとの漢字の字体を振り放つ、新しい文字の誕生であり、以後一千百年のかな文化がつづく。音韻はどんどん変化するのに、成立した文字体系がそのままだと、実際の発音と書かれる表記との乖離という現象を避けられなくなる。かな遣い問題が生じる。

かな遣い問題というのは、ずっと後世になって、歴史的かな遣いが定まってから、それを基準と見なして、かな遣いが〝間違っている〟と、指摘したり、咎めたりすることを言う。十一世紀後半ぐらいから、かなで書かれた書簡などを散見する。それらを見るとほとんどかな遣い問題は起きていない。

かな遣い問題が起きるとは、文書を書くひとが、実際に発音している音に表記を近づけようとして、無意識のうちに〝歴史的かな遣い〟と違う書き方をする、ということであって、表音的に書こうとする、きわめて実直な書き方の結果なのだ。

十二世紀、十三世紀になって、古い表記で書く人と、新しい発音で表音的に書く人とがごちゃごちゃになってきたので、統一したほうがよいと考える考え方が出てきて、たとえば「定家かな遣い」を作り出した。

時代は飛んで近代になり、いわゆる歴史的かな遣いが編み出される。正書法はたいせつであるから（文法を記述することの目的の一つでもある）、こんにちに歴史的かな遣いを基準として、教科書など、いわゆる古文のテクストが作られることはよい。古文の勉強は歴史的かな遣いを知らずに進まない。先人による、長い期間にわたる、表記の歴史や努力のすえに制定された取り決めであるとは、くれぐれも忘れないようにしよう。文法を論じる上での基礎的なことがらとしてある。

†正書法

文法は古典社会や中世に、正しく論じたり、さらには正しく書いたりする技術だったと言われる。後者を正書法と言う。正書法を成立させることと文法とは、たしかに類縁関係にあって、うるさ型の規範文法家でなくとも、文法と言えば〝正しさ〟の探求だった。本書も最終的にそのつもりでいる。

日本語文化の場合、けっして軽視できないこととして、縦書きの正書法の探求ということがある。新聞や雑誌が、縦書きであるにもかかわらず、横書きの正書法をそのまま踏襲することをかさねているうちに、パソコン時代の到来が追い打ちをかけて、十二世紀ではないが、まさに第二のごちゃごちゃ時代がいまに進行しつつある。語法上のゆるさやぬるさ、漢数字と算用数字との差異の鈍化、省略できない句読点の省略、引用符の誤用など、文法書のどこかで咎めておかねばならないことだ。

しかしながら、私はこうしてパソコンで書いているから、現象的には横書きかもしれないが、一発変換で縦書きにする前提で書いている。パソコンの現在は日本語の縦書き文化に対応できる奇特な装置であるはずだ。しかも横書きにしてよく、ローマ字で書いたってよい、カタカナで書かれた時代もあった、という柔軟な日本語史なのに、深くも考えずに享受しているわれわれだ。いたずらに享受するのでなく、悲しみ深い日本語の将来のために思い巡らすことが多々あってよかろう。文法はそのよすがとなるのではないか。

†古日本語から現代語へ

文字以前の長い史前史的段階のさなかに、日本語は着実にその特質を伸ばして、歴史段階にはいると、ほぼ骨格（ハード部門）は固まるものの、ソフトの領域でというか、豊富な文字資料によって知られる言語変遷史は、国語学／日本語学という固有の分野を産んで、ひとびとの言語生活に対し必要な考察を加え、ときには指針を与え（植民地で言語政策に関与したこともある）、将来に託されることはかず限りない。

世界のどこでもそうだったと思うが、時制（テンス）やアスペクト（時間の諸相）が未発達なままに、必要から言語が、時間の認識や予測、推量、判断、命令といった役割を持ち、情操をも司るようになって、そのなかから諸言語の一つである古日本語がついに成立させられた段階で、言ってみれば〝アオリスト〟（無時制状態）の大海に浮かぶそれらだったろう。アクセントも音数律もない等時拍的で自由な言語だったろう。初めから時制やアスペクト、あるいはモダリティ（心的態度）ありきでなく、それらは時間をかけて言語意識として獲得されてきた実質であり、古典語、ひいては現代語に至るはずだ。

物語や詩歌を読む上で、時制やアスペクト、あるいはモダリティに関する、知識を動員して眼前のテクストにはいり込むよりは、時制語（「き」や「た」）、アスペクト語（「ぬ」や「つ」）、モダリティ語（「む」や「べし」）の有／無、そしてそれらの成長を、テクスト上に一つ一つ見つめ、確かめてゆきたい。膠着語である日本語ではそれができるということではあるまいか。

そして〝散文語〟というよりは、豊かな〝詩歌語〟性をつよくのこしていると言ってよい日本語を、一部のひとの嘆きのように、論理的でない言語だとか、情緒的な言語だとかいって蔑《な》みするのでなく、論理を支える在り方や情緒性が出てくる性格を、日本語の隠れた文法構造として評価し、鍛えるべきところは鍛え、足りないところは補いながら、たいせつに育てる必要がある。

本書の成るにあたっては、学生時代に（本の貸し出しを許されなかったから）国語研究室に入り浸りさせていただき、時枝誠記や金田一京助の著述にふれたことを始めとして、漢文訓読文献、狂言本など、なかなか目にすることのない領域に目をひらかされた。築島裕氏のゼミに出入りさせてもらい、『源氏物語』が排除する漢文訓読語の世界と、その排除の上に物語やうたは危うく立つという、平安時代言語の底知れない多層を学んだ。『源氏物語』は、もしこういう術語を編み出してよければ、排除的二元構造を持つ言語的虚構としてある……。

時枝への感謝は言うまでもない。著書類のなかでだけ知られる先達を別として、大野晋、中西進、吉本隆明、それに小松光三ら諸氏には、それぞれ日本言語学や言語文化史上の格闘をさせてもらった。私の勤め出したころ、共立女子短期大学で、竹内美智子、山口仲美という国語学の先達や新進から多くを教わり、東京学芸大学では学校文法について考えることが大きく、東京大学総合文化研究科では言語情報科学専攻に奉職したから、文字通り言語学との接点について明け暮れ悩んだ。深層へのまなざしはチョムスキー氏に負うところがあるし、山本哲士氏のような言語思想家からはいつも励まされる。

とはいえ、『万葉集』や『源氏物語』追っかけ専門の私にとり、文法事項についてはテクストをひらきながら、一から考察を積み上げるしか方法がなかった。特に助動辞や助辞から切り込むべく初期に時枝から学んだということは、とりもなおさず辞書類や索引類がほとんど役に立たないと、あきらめるところからの始まりとなった。

テクストに直対すると、手元にある文法書なども、物語やうたを読むためにはきわめて不十分で、かえってテクストから文法を再考する必要ばかりが感じられる。本書が誕生する機縁はまったくそのような欲求にある。旧来の文法学説（とりわけ学校文法という言説）とのすり合わせに神経を使うことにした。沖縄語とのすり合わせ、さらにはアイヌ語とのすり合わせなど、夢見ることは多々あるけれども、日暮れて道遠しというところか。

本書の成るについてはすべて筑摩書房編集部の松田健氏の慫慂と尽力とによる。

文法関係索引

＊人名は言語学や文法関係をおもに採る。
＊頻出する語は採らないことがある。

あ行

か行

さ行

た行

な行

は行

ま行

や行

ら行

わ行

ちくま新書
1221

日本文法体系《にほんぶんぽうたいけい》

二〇一六年一一月一〇日 第一刷発行

著者 藤井貞和(ふじい・さだかず)

発行者 山野浩一
発行所 株式会社 筑摩書房
東京都台東区蔵前二-五-三 郵便番号一一一-八七五五
振替〇〇一六〇-八-四一二三
装幀者 間村俊一
印刷・製本 株式会社 精興社

乱丁・落丁本の場合は、左記宛にご送付ください。
送料小社負担でお取り替えいたします。
ご注文・お問い合わせも左記へお願いいたします。
〒三三一-八五〇七 さいたま市北区櫛引町二-六〇四
筑摩書房サービスセンター 電話〇四八-六五一-〇〇五三

ISBN978-4-480-06926-9 C0281

ちくま新書

999
日本の文字
——「無声の思考」の封印を解く
石川九楊
日本語は三種類の文字をもつ。この、世界にまれな性格はどこに由来し、日本人の思考と感性に何をもたらしたのか。鬼才の書家が大胆に構想する文明論的思索。

929
心づくしの日本語
——和歌でよむ古代の思想
ツベタナ・クリステワ
過ぎ去った日本語は死んではいない。日本人の世界認識の根源には「歌を詠む」という営為がある。王朝文学の言葉を探り、心を重んじる日本語の叡知を甦らせる。

1062
日本語の近代
——はずされた漢語
今野真二
漢語と和語が深く結びついた日本語のシステムから、日清戦争を境に漢字・漢語がはずされていく。明治期の小学教材を通して日本語への人為的コントロールを追う。

756
漢和辞典に訊け！
円満字二郎
敬遠されがちな漢和辞典。でも骨組みを知れば千年以上にわたる日本人の漢字受容の歴史が浮かんでくる。辞典編集者が明かす、ウンチクで終わらせないための活用法。

1105
やりなおし高校国語
——教科書で論理力・読解力を鍛える
出口汪
教科書の名作は、大人こそ読むべきだ！　夏目漱石、森鷗外、丸山眞男、小林秀雄などの名文をカリスマ現代文講師が読み解き、社会人必須のスキルを授ける。

253
教養としての大学受験国語
石原千秋
日本語なのにお手上げの評論読解問題。その論述の方法を、実例に即し徹底解剖。アテモノを脱却し上級の教養をめざす、受験生と社会人のための思考の遠近法指南。

806
国語教科書の中の「日本」
石原千秋
「グローバル化」と「伝統」の間で転換期を迎える国語教育は、日本という感性を押し付ける教育装置になっていないか？　小中学校の教科書をテクストに検証する。